JN066312

未来を育む友に贈る

希望の指針　励ましの知恵

創価学会未来部 編

誰もがみんな使命の子――池田先生ご夫妻がアメリカの未来部員や創価家族と共に
（1996年6月、フロリダで）

池田先生の子どもへのまなざしは、いつも優しく温かく（1979年8月、長野研修道場で）

「親孝行するんだよ」「皆さんは私の宝です」――未来部員に心からのエールを贈る池田先生
（1991年2月、恩納村の沖縄研修道場で）

まえがき

「子どもの幸福の世紀」へ　励ましの慈光を

池田大作

「子にすぎたる財なし、子にすぎたる財なし」（新版1753ページ・全集1322ページ）御本仏・日蓮大聖人は、阿仏房と千日尼の子・藤九郎盛綱が信仰の道を継承し、親孝行を尽くしている姿を、こよなく喜び讃えられました。

それは、師匠と共に大難を勝ち越えてきた一家ならびに佐渡の門下、さらに大聖人一門にとっての大いなる凱歌であったといえましょう。

このお心のままに、我ら創価家族は、家庭にあっても、地域にあっても、社会にあっても、世界にあっても、和楽と後継の勝利劇を繰り広げ、広宣流布と立正安国、そして令法久住を永遠ならしめていくのだ。そう誓願の祈りを込めて、第3代会長となった私が最初につくった部こそ「未来部」にほかなりません。

19世紀フランスの大文豪ビクトル・ユゴーは、「子どもの本当の名前は何であるかをご存じであろうか」と問いかけました。

その答えは「未来」です。ユゴーは高らかに宣言しております。

「子どもを育てながら、我々は『未来』を育てているのである」*と。

私と同じ心で、まさしく「未来」を育ててくれている、尊き保護者の方々、また未来部の担当者の方々、教育本部の先生方をはじめ、全ての方々に感謝は尽きません。

それゆえ、このほど、未来部のリーダーたちから、「未来部の育成に携わる全ての方々にエールを贈る一書を」と、真摯な要請があった折、私は何よりうれしく賛同しました。

そもそも創価学会の出発点は、初代会長・牧口常三郎先生と第2代会長・戸田城聖先生が教育の根本目的と定めた「子どもの幸福」にあります。

いつの時代にも、子育てには言い知れぬ大変さがつきものです。とりわけ近年は、核家族化や地域のつながりの希薄化などにより、親御さんたちが抱く子育ての負担感や不安感が増していると指摘されています。また学校教育においても、いじめや不登校などの課題が切実であり、インターネットの普及など、取り巻く環境の変化も加速しております。

子どもは、親や学校だけではなく地域・社会全体で守り、また就学時のみならず長い人

＊「追放」神津道一訳『ユーゴー全集9』同全集刊行会を参照

生の視点から、育んでいくものだという意識の転換とサポートの充実が、これほど求められている時はないでしょう。だからこそ、今再び、「子どもの幸福」という一切の原点に立ち返り、これまでにもまして、皆で知恵を出し、力を合わせていきたいと思うのであります。それが、そのまま世界の希望の指標となるからです。

この4月、ある地域の未来本部長の友が、思いがけない報告を寄せてくれました。各地への友好対話の中で、夫妻して初めてご挨拶に伺ったお宅で温かく迎えていただき、じつは私の小学校の忘れ得ぬ恩師・檜山浩平先生のご子息夫妻であることを語ってくださったというのです。

檜山先生を中心に撮影した懐かしい卒業記念の写真や、後年、先生に私が深謝を込めてお送りした書籍や手紙が大切に保管されていることも伺いました。さらに、檜山先生が折々に、遠くに見える富士山を仰ぎ、時に涙を浮かべながら、私たち教え子の健康と行く末を案じ祈ってくださっていたことを、あらためて教えていただいたのです。

「子どもの幸福」への祈りとは、何と深く、強く、尊いものでしょうか。

陰に陽に自らを見守り、支え、導いてくださった「師恩」、また「父母の恩」、ひいては

「一切衆生の恩」が、年齢とともに、ますます胸に募ってくるものです。

その報恩のためにも、命の限り、信頼してやまない同志と手を携えて、後に続く若き世代の激励をと、私は決意を新たにするものです。

生命の極理を明かされた「御義口伝」に、「『大悲』とは、母の子を思う慈悲のごとし。今、日蓮等の慈悲なり」（新版1005ページ・全集721ページ）と仰せであります。

子どもがいる、いないにかかわらず、私たちには、全衆生をわが子とされた、この御本仏直伝の慈悲の祈りがあります。

同じく「御義口伝」に、「桜梅桃李の己々の当体を改めずして」（新版1090ページ・全集784ページ）と明かされている通り、どの子のかけがえのない個性も最大に尊重し伸ばしゆく励ましの世界を、私たちは築いてきました。

さらに、「鏡に向かって礼拝をなす時、浮かべる影また我を礼拝するなり」（新版1071ページ・全集769ページ）と示されているように、どこまでも子どもの可能性を信じ抜き、自他共に最極の生命を開花させていくのが、創価の人間教育の道であります。

「社会のための教育」から「教育のための社会」へという遠大なるビジョンを分かち合いながら、創価学園・創価大学・アメリカ創価大学をはじめ世界に開かれた創価教育も、いやまして真価を発揮しております。

無上の財と輝く子どもたちを励まし、無限の希望光る未来を育てゆく、わが〝不二の応援団〟の宝友が、この一書から何らかの力を湧き立たせていただければ、これに勝る喜びはありません。共々に「子にすぎたる財なし」と謳い上げながら、この21世紀を、何としても「子どもの幸福の世紀」へ、すなわち「平和と生命尊厳の世紀」へと創造していこうではありませんか！

偉大なる「陰徳陽報」の皆さんのいよいよの健康とご多幸を祈りつつ、一首を贈り、まえがきとさせていただきます。

太陽の　慈光を注ぐ　宝友ありて
　創価の大地に　人華は満開

2023年7月　未来部歌「正義の走者」誕生45周年に寄せて

目次

第1章　池田先生の励(はげ)ましの指針

第2章　小説『新・人間革命』に学ぶ

第3章

聖教連載「Switch──共育のまなざし」から

〈凡例〉

一、御書の引用は、『日蓮大聖人御書全集 新版』(創価学会)に基づきました。
ただし、引用文中の御書の御文は原典通りに記載しました。

一、御書の引用に際して、『日蓮大聖人御書全集 新版』のページ数と『日蓮大聖人御書全集』(創価学会版、第二七八刷)のページ数を併記し、(新版○○ページ・全集○○ページ)と表記しました。

第1章

池田先生の励ましの指針

池田先生が折に触れて「未来部担当者」「保護者」に贈った励ましの言葉を、〈子どもへのまなざし〉〈未来部育成の心〉〈信心の継承〉の三つのテーマに分けて紹介します。

子どもへのまなざし

「教育」は、「共育（共に育つ）」です。子どもには、まぶしい生命の輝きがある。子どもの元気な姿を見れば、大人も元気になる。

にぎやかな子どもの声があるところ、そこには「希望」がある。「平和」がある。「生きる喜び」がわいてくる。

『池田大作全集』第62巻

＊＊＊

だれであろうと、私の心はいつも真剣です。たとえ小さなお子さんであっても、一個の〝人格〟として最大に尊敬して接しています。

「二十一世紀を、よろしくお願いします」と、深く頭を下げながら、語りかけているのです。

人間を育てるには、「真剣」と「情熱」をもってあたるしかない。年齢はいっさい関係ありません。

どんなお子さんも、「後継の宝」との心で、成長を願いに願って接するなかでしか、思いは受け継がれないのです。

『池田大作全集』第62巻

＊＊＊

ペーパーテストで判明する能力は、無限の可能性をはらんだ子供たちの素質、生命内在の〝宝〟のごく一部にすぎない。人の心の中には、たんなる記憶力、計算力などとは比較することもできない豊かな心情と、知恵と、創造をもたらす泉がひそんでいる。

その泉を、わが子の特質に応じて開発する心の教育にこそ、真実の愛情が注がれるべきではないであろうか。

『池田大作全集』第20巻

＊＊＊

子どもたちは皆、かけがえのない「可能性」をもった「宝の人々」です。一人一人が、「希望」の存在です。生命には「希望」が、いっぱい詰まっている。

もしも、子どもたちの中に息づく「希望」を、傷つけたり、窒息させたりするようなことがあれば、それは大人の責任ではないだろうか。

私は、そういう現代の社会を見るにつけ、心が強く痛みます。

子どもたちの瞳が、恐怖や、悲しみの涙で曇るのを見たくない。そういう社会は、絶対に変えていかねばならない。

『池田大作全集』第62巻

＊＊＊

「どうしたら、子どもたちは、話を聞くようになるのでしょうか」

一人の教育者から質問を受けた際、私は答えた。

「子どもたちのことが好きで、好きで、たまらないという心が大切ではないでしょうか。自分のことを本当に思ってくれている人の言うことは、子どもは素直に耳を傾けるからです」

生命は感応である。響き合う。いわんや、子どもの生命は鋭敏である。

まずは、子どもたちを好きになる。そして、子どもたちと一緒に笑い、一緒に学び、一緒に心の宝を見つけていくような交流でありたい。

『随筆　幸福の大道』〈後継の希望・未来部〉

＊＊＊

私の妻も、息子たちを連れて学会活動に出かけた。会合に行く際には、御本尊の前で「今日は大事な会合です」と、真剣に語って聞かせた。

それを見た人から、「そんな小さな子どもに話してわかりますか」と聞かれたこともある。

しかし、妻は「命と命ですから、必ずわかります」と答えていた。

人のため、社会のために生き生きと走る姿は、若き生命に焼き付けられる。

今はわからないように見えても、大きくなれば、必ずわかる時がくる。

子育てに奮闘されている婦人部の皆様も、思うようにいかない場合もあろう。しかし焦らず、大らかに包み込んでいただきたい。しっかりと目を見て、「見守っているよ」「信じているよ」との思いを、未来からの使者たちに伝えて差し上げてほしい。

どこまでも信じ抜く。何があっても絶対に信頼する。それが子どもにとって、どれだけの励みとなり力となるか計り知れない。

『随筆　幸福の大道』〈後継の希望・未来部〉

＊＊＊

戸田先生は、こう教えられました。

「子どもたちを、一人前として尊重しなくてはいけない。たとえ今は分からないようでも、後で会合に参加したことや激励されたことを思い出すものだ。目で見て、耳で聞いて、体で覚えることが大切なのだ」と。

私も、未来部の友には、常に「若き同志」との尊敬の心を持って接してきました。


「世界を照らす太陽の仏法」〈人類の未来を築く〉

＊＊＊

現代にあって、子どもは、一家の宝であるだけでなく、地域の宝であり、社会の宝、国の宝、人類の宝であるという視点が、ますます重要になっています。

いわんや、学会っ子は、広布のバトンを受け継いでくれる〝私たちの信心の後継者〟です。皆で温かく見守り、励まし、一緒になって大事に育てていきたい。子育て家族に対する濃やかな配慮も、いっそう求められる時代に入りました。

そして、子どもを見かけた時や、家庭訪問の時に、積極的に声を掛けていきたい。

親の言葉だけでは伝わりにくいことも、地域のおじちゃん、おばちゃん、あるいは、お

「〝21世紀の使者〟だね。みんな優秀だ」「みんな、かわいいなあ。いい顔をしているね」——池田先生が宝の子どもたちの手を取って（1991年6月、イギリス・ロンドン郊外のタプロー・コート総合文化センターで）

兄さん、お姉さん、おじいちゃん、おばあちゃんからなら、素直に聞ける——そういうこともたくさんあります。

「お父さんは、皆のために頑張っているんだよ。立派なお父さんだね」「お母さんが相談に乗ってくれて、本当に助かっているの」「留守番してくれてありがとう。お父さんもお母さんも感謝していたよ」等と語りかけていく。学会家族の温かい一声が、子どもの胸中に一生涯残る「心の宝石」になるからです。

（「世界を照らす太陽の仏法」〈後継の育成〉）

＊＊＊

幼児期や低学年の子どもたちに対しては、家庭にあっても学校にあっても、「読み聞かせ」の習慣をできるだけ増やしてほしいと願うのは、高望みにすぎるでしょうか。

一人で読書をすることも大切ですが、親や教師が、声を出して、子どもたちに語りかけていくことの意味は、さらに大きいでしょう。親や教師の声を通して、子どもたちは、言葉の体温を感じながら、物語の情景に思いをはせるようになる。そして、声の響きを通して、喜びや悲しみ、痛みなどを、全身で受け止める感性が、豊かに磨かれていきます。また親や教師が、子どもたちの表情を見ながら、声の調子を変えたり、時折立ち止まって、子どもたちの声に耳を傾けてみる——そんな時間を一緒に過ごすなかで、互いの信頼関係が着実に形づくられていくものです。

そして、「読み聞かせ」をする時には、農業に携わる人が豊かな実りを願って種を蒔くように、子どもたちに語りかける時にも、「どうか、すこやかに成長してほしい」「どこまでも可能性を伸ばし、夢を実現してほしい」と、〝種蒔く人の祈り〟を込めていくことが大切ではないでしょうか。「自分のことを信じてくれている」「思ってくれている」という安心感こそが、子どもの成長の一切の基盤となると思うのです。

『池田大作全集』第101巻

＊＊＊

仏法の眼は、親子の関係を固定的に捉えたりしません。信仰の上で、子どもの方が先輩として縁する場合もあるでしょう。

子どもが成長する姿を通して親が発心したり、信心を深めたりしていくことは、実際によくあることです。

ともあれ、妙法の家族は、互いに成長家族であり、地域や社会に幸福の光を放つ創造家族です。家族の一人一人が偉大なる誓願を果たしゆく尊貴な存在です。一人ももれなく、人類を仏の境涯へと高めゆく崇高な広布への使命を帯びて、触発し合っていくのです。

『わが「共戦の友」――各部の皆さんに贈る』〈伝持の未来部〉

＊＊＊

牧口先生は、人間教育に臨む心構えを語られた。

「自身が尊敬の的たる王座を降って、王座に向かうものを指導する公僕となり、手本を示す主人ではなくて手本に導く伴侶となる」

若き生命を〝下〟に見てはならない。何よりも大切なことは、〝一個の人格〟として最大に尊重していくことである。

人づくりは真剣勝負だ。子どもの胸中には、立派な〝大人〟がいる。その〝大人〟に向かって語りかけていくことであろう。

「こんなことはわからないだろう」「これくらいでいいだろう」という見下した対応は、決してあってはなるまい。

『随筆　幸福の大道』〈後継の希望・未来部〉

＊＊＊

戸田先生は、幼子を連れて奮闘する母親に、「子どもは久遠元初からの使者だよ。親をはじめ、皆を仏にするために生まれてきたのだ」と、よく語られていました。また、子育てに悩んでいる方には、「手のかかる子ほど立派に育つものだよ」とも励まされました。

たとえ子どもが悩みの種となっていたとしても、それによって親や家族が信心を深める契機となれば、その子は、実は親孝行しているのと同じです。

なかには、今、子どもが信心に励んでいないという場合もあるでしょう。しかし、焦ることはない。肩身の狭い思いなどする必要もありません。大事なことは、日々、子どもの成長と幸せを祈り続けていくことです。

祈りは、必ず子どもの仏性に届いています。久遠の使命が花開きます。そして将来、その子の眷属に、信心強盛な地涌の同志が陸続と誕生します。使命を持たない子どもなど、断じて存在しません。必ず「をやをみちびく身」（新版1255ページ・全集931ページ）として生まれてきたのです。

「世界を照らす太陽の仏法」〈後継の育成〉

＊＊＊

活動にしろ、仕事にしろ、なんのために頑張っているのか、人々に尽くしているのかという思いを、自信をもって、きちんと話してあげることです。

「きっと分かってくれるだろう」「忙しいのだから、仕方がない」といった勝手な思いこみは、禁物です。愛情は具体的に表してあげないと、子どもは頭で分かっていても、なかなか納得できないものなのです。

『池田大作全集』第62巻

＊＊＊

親御さんのほうでも、できるかぎり、子どもに「私は、あなたの最大の味方なんだ」という気持ちを伝えてもらいたいと思う。黙っていても通じる場合もあるが、そうでない場合も多い。

「私は、あなたが、どんなふうになっても、絶対に、あなたを守る。あなたを支える。あなたが『いい子』だから愛しているんじゃない。『勉強ができる』から大事にするんじゃない。『がんばっている』から好きなんじゃない。あなたがあなただから好きなんだ。もしも、世界中の人が、あなたを非難しても、みんながあなたをいじめても、私だけは絶対に、あなたを守る！　あなたは、私だけは信じていいんだよ！」と。

あらたまって、そんなことを言う必要はないが、「心」もやはり、何らかの「かたち」にして伝えないと、わからない面がある。〝雑音〟の多い現代は、なおさらです。

「ありのままの自分を、そのまま受け入れてくれる人」が一人でもいれば、「自分の幸せを自分以上に喜んでくれる人」が一人でもいれば、「その人がいる」と自覚していれば、人間は、そんなに大きく道を誤らないものです。お子さんを「一個の人間」として尊敬し、信じてあげてほしいと思うのです。

そして、子どもは、時々「休む」ことがあるものです。それは親から見たら、怠けているだけのように見えるが、次へのエネルギーを「充電」している場合も多いものです。半年くらいしたら、また元気にがんばりだすことも多い。ゆったりと包んであげたほうがいいときに、追いつめると、逆効果になる場合があります。

子どものために「よかれ」と思ってしたことが、かえって裏目に出る場合もある。本当にむずかしい。しかし、時間がかかっても、粘り強く乗り越えれば、かけがえのない経験となって光るものです。

長い目で見てあげてください。親の愛を求めていない子はいません。親が信じてあげなければ、だれが信じてあげられるでしょう。

『池田大作全集』第65巻

＊＊＊

じっくり、ていねいに、子どもたちにもわかるような言葉で語りかけていくことです。子どもを「子どもだから」と決めつけてしまえば、子どもの心はわからない。子どもとのあいだに「壁」ができるからです。子どもを「一個の人間」として見た時に、初めて子どもの心が見えてくるのです。

『池田大作全集』第63巻

未来部育成の心

自分の成長を喜んでくれる人がいることが、どれほどの励みになることか。とくに、子どもはそうです。

「励ます」とは、「自信を持たせる」ことです。「やればできる」という気持ちにさせることです。

子どもというのは、きっかけさえつかめれば、驚くほど伸びる場合がある。そのためには、励ます側の根気が必要です。「励まし続ける」こと、「周りがあきらめない」ことです。

そういう環境でこそ、子どもは、自分の中にある力を、どんどん開花させていくことができる。

未来部担当者の皆さんの活動は、ご苦労も多いと思いますが、本当に尊いことです。

『池田大作全集』第63巻

＊＊＊

子どものころにきざんだ思い出は、生涯、鮮烈に心に残り、光を放っていく。その後の人生、生き方にも、深く、大きな影響を及ぼしていくものだ。ゆえに私は、未来部の担当者の方々がどれほど大切であるか、と申し上げておきたい。高・中等、少年部の若き友に対しては、くれぐれも真心からの指導・激励をお願いしたい。

少年少女の心は、まことに多感である。それだけに、一時の感情で叱ったり、ウソをついたり、心にキズをつけてしまえば、取り返しのつかないことになる。反対に、多感な心にきざまれた真心の励ましが、どれほど生涯の成長の源泉となるか。後継の育成にあたる方々は、この点を強く銘記していただきたい。

『池田大作全集』第71巻

＊＊＊

未来部の育成は、信心が根本である。そしてまた、「勉学第一」「友情第一」「読書第一」「健康第一」「親孝行第一」である。

すべてをやりきるのは大変なことだが、信心をがっちりと固めていったとき、勉強も、スポーツも、あらゆる努力が全部、いかされていく。仏法に一切、ムダはないのである。

『池田大作全集』第96巻

＊＊＊

学校の先生もそうだろうが、子どもたちを育てる上で大切なのは、大人自身の人間性である。魅力である。

「教員は学生の僕であれ」と言われる。ますます「教員の質」や「学生へのサービス」が問われている時代だ。

まず大人が成長！――これを心に刻まなければならない。

そして若き友の努力を讃え、よい点を見つけ、ほめて伸ばすことだ。時には「漫才」をするようなつもりで皆を楽しませながら、また、深き「哲学者」として大確信を語りながら、正義の心、正しい価値観を教えていくことだ。心から信頼される存在となっていくことである。

『池田大作全集』第98巻

＊＊＊

自身も、仕事や生活の課題を抱える中での奮闘は、言うに言われぬ苦労の連続であろう。しかし、その真剣な姿を、未来部員はじっと見ている。誠実の言葉は、必ず命の根底に刻まれていくものである。

私のもとにも、「あの先輩の励ましがあればこそ、今の自分があります」等と感謝の声が寄せられる。派手な喝采など、なくとも構わない。人に尽くした「陰徳」は、必ず「陽報」となって、汝自身の生命を荘厳し、一家一族を無量の福徳で包んでいくからだ。

『随筆　対話の大道』〈青年学会の希望の黎明〉

＊＊＊

未来！　それは、法華経の最重要のテーマである。

釈迦仏や多宝仏、さらに十方分身の仏が法華経の会座に集われたのは、一体、何のためであったか。ひとえに、未来の仏子たちの成仏のためであった。

「開目抄」には、こう記されている。

「この三仏（釈迦・多宝・十方分身の仏）が未来に法華経を弘めて、未来の仏子たる一切衆生に与えようとする心の中を推しはかると、大きな苦しみにあっている一人子を見て、救おうとする父母の心よりも、はるかに強いことがうかがえる」（新版120ページ・全集236ページ、通解）と。

何としても、未来に生きゆく友に大仏法を伝え、一人ももれなく幸福に——。これが、法華経に脈打つ仏の心である。その烈々たる一念に連なって祈り抜き、億劫の辛労を尽くしてきたのが、わが学会の未来部育成であるといってよい。

「あの子を広布の大人材に育てずにおくものか！」

「この子も創価の庭で大成長させてみせる！」

見返りなど何も求めない。ただ、ひたぶるに友の偉大な使命と栄光の人生を願い、励ましを贈る。ここに、法華経の魂の真髄がある。だからこそ、若き地涌の菩薩が澎湃と呼び出され、躍り出てくるのだ。

『随筆　希望の大道』〈未来部・躍進の夏〉

＊＊＊

日蓮大聖人は仰せになられた。

「鍛えられていない鉄は燃えさかる火に入れれば、すぐに溶けてしまう。それは氷を湯に入れたようなものである。剣などは大火に入れてもしばらくは溶けない。これは鍛えられ

ているからである」（新版1590ページ・全集1169ページ、通解）

青春時代は鍛えの時だ。ゆえに、今は大いに悩み、進んで苦労するのだ。それで、友の悩みが分かる人になる。もがき、努力した分だけ、周りを包み込む大きな心の持ち主になれる。

青春ゆえの葛藤もあるだろう。言い尽くせない悲しみや悔しさを、経験しなければならない時もある。だが、それは必ず、勇気と希望の虹となって、君たちの人生を鮮烈に彩るのだ。

私の十代は、戦争によって踏みにじられた。四人の兄は徴兵され、長兄は戦死した。母が震え悲しむ姿は、今もって心に焼きついて離れない。

だから、私は平和の若獅子となって立った。仏法に出あい、世界一の師に導かれ、最高に強き正義の人生の生き方を知った。この無上の生命の大道のすべてを、私は後継の未来部に伝え残したい。

『随筆　希望の大道』〈未来部・躍進の夏〉

＊＊＊

仏法では、「良き友」のことを「善知識」と説きます。御書には「仏になるみちは善知識にはすぎず」（新版1940ページ・全集1468ページ）と仰せです。学会は善知識の集いです。

人と人の触発の中にこそ成長があります。未来部員も、会合などで触れ合う良き先輩や同世代の友の姿や話から、大いなる触発を受けます。

なかんずく広布の前進の中で、学び得たことは、人生を切り開く力となる。だからこそ、私たちは日ごろから、未来部員が学会に、同志に、そして妙法に縁する善の機会を広げ、増やしていくことです。その弛みない実践が、創価の未来を開拓するのです。

「世界を照らす太陽の仏法」〈人類の未来を築く〉

＊＊＊

戸田先生は、「生活といい、信仰といい、最も必要なものは何か。それは確信である。我々は、大聖人の絶対の御確信こそを、最高にして最大のものとしていくのだ」と語られていました。

また、「焦らずに信心していくんだよ。信心で、どんなことも必ず幸福の軌道に乗る。祈りとして叶わざるはなく、どんな悩みも解決できる」とも指導されました。

高等部の結成式（1964年）に際して私が強調したのは、「信心に励み、題目を唱えきって、最高の生命の哲学である仏法を、人生の根本の思想にしていっていただきたい」ということでした。

広宣流布は、一人一人が「人間革命」し、「自他共の幸福」を実現しゆく運動です。人類の宿命を転換するための壮大にして遠大なる挑戦です。妙法を持った若人は、この大闘争に連なるのです。それが、どれほど偉大なことであるか――。私たちが誠実に訴えれば、未来部員の魂に、そうした学会の崇高な使命が必ず届きます。

戸田先生はよく、「子どもは、いつも理想をもって引っ張っていってあげなさい」とも言われました。広宣流布という人類の大理想を実現しゆく団体は、創価学会以外にありません。この大誓願を、自らの行動で示し、伝えていくことが後継育成の第一歩です。

「世界を照らす太陽の仏法」〈人類の未来を築く〉

＊＊＊

私が何より頼もしいのは、私の心を心として未来部を大切にし、私と一緒に後継の育成に労を惜しまずに皆さんが立ち上がってくれていることです。

この半世紀余り、いずこの地でも、また、いかなる嵐の状況の中でも、私と不二の祈りで未来部を育んでくださった方たちがいます。その功労は絶対に忘れません。学会は、これだけ多彩に未来部育成に取り組んできたからこそ、今日の大発展を成し遂げたといっても過言ではありません。

人材を育てる人こそが、真の人材です。

私たちが人を育てることは、新たな地涌の人材が活躍する舞台を築くことに通じます。「花は根にかへり真味は土にとどまる」（新版262ページ・全集329ページ）との原理のうえから、地涌の勇者が法を弘める功徳は、育てた人の福徳にもなります。仏子を育む果報は無量無辺なのです。

「世界を照らす太陽の仏法」〈後継の育成〉

＊＊＊

「少子化」だからこそ、子どもたち一人ひとりに光を当て、一人を十人にも、百人にも匹敵する黄金の人材と輝かせていける時代である。

社会全体が、「後継の世代の教育」という本質的な命題に目覚めゆくチャンスといえまいか。

『池田大作全集』第138巻

青春の日の努力ほど、尊いものはありません。

私はかつて、高等部の友に「未来に羽ばたく使命を自覚するとき、才能の芽は、急速に伸びることができる」との言葉を贈ったことがあります。

どんな子であれ、その人にしか果たせない「使命」がある。だれしも、何かの「才能の芽」を持っている。

その「芽」を伸ばすための最高の養分は、「信じてあげること」ではないでしょうか。

人によって、早く芽吹く人もいれば、時間がたってから、急に伸びだす人もいる。

しかし、いつかは必ず「才能の芽」が伸びることを信じて、あたたかく見守り、根気強く励ましを重ねていくことです。

どこまで子どもを信じてあげられるか――周りの「信じる力」が問われるともいえます。

『池田大作全集』第62巻

信心の継承

「子どもは、学会の庭で育てていきなさい」

これは、わが師・戸田城聖先生が繰り返し訴えておられた、信心継承の要諦である。

学会には、一人ひとりが自身の可能性に目を開き、確かな自信と安心と希望を得ていくための豊かな励ましがある。

そして、人間として生きていく上で、最高の誇りと自覚をもつことができる哲理がある。「生命とは」「使命とは」「師弟とは」――担当者が真剣に語る言葉は、たとえその時は全てが理解できずとも、若き心の大地に成長の種として植わり、信心の根を深く広げていくものだ。

何より、子どもたちが鋭敏な生命で感じ取っているのは、大人たちの「自他共の幸福を目指す真剣な生き方」であり、「正義の道を貫く勇気と信仰の喜び」であろう。

『随筆　民衆凱歌の大行進』〈伸びゆけ未来部！〉

創価大学で行われた高等部の研修会。首都圏の未来部員の代表と創大に通う学生部員が楽しく語らう（2022年8月）

＊＊＊

御書には、「譬えば鳥の卵の内より卵をつつく時・母又同じくつつきあくるに・同じき所をつつきあくるが如し、是れ即ち念慮の感応する故なり」（新版１１２４ページ・全集８１０ページ）と仰せだ。

親が懸命に力を尽くし抜いた時、子も、その祈りに応えようとして、硬い卵の殻を割ることができる。生命の次元で、心と心は感応し合う。

親の信心は、必ず子に伝わる。たとえ、時間がかかっても、回り道を重ねても、絶対に伝わる。

飾る必要はない。失敗を恐れなくてよい。

信念を曲げず、自ら決めた道を朗らかに進む。その親の生き方こそ、子に贈る「最上の宝」なのだ。

『随筆　永遠なれ創価の大城』〈未来部と共に成長〉

＊＊＊

親はどこまでも、子どもの可能性を信じていくべきだ。祈り続けていけばよい。たとえ今は発心していなくとも、立派な「広宣流布の闘士」へ成長する時は、必ず来るからだ。偉大な妙法である。信仰は一生涯のものであり、三世永遠である。大切なのは、信心を持ち抜くことである。大らかな気概に立って、長い目で子どもの成長を祈り抜くことだ。

『随筆　出発の光』〈崇高なる信心の継承〉

＊＊＊

幹部の家庭でも、お子さんや家族が、病気や、さまざまな課題を抱えている場合も当然あるだろう。それは、少しも恥ずかしいことではない。人間の社会であり、人間の集団だ。「心こそ大切なれ」である。「姿こそ大切なれ」ではない。

いろいろなことがあっても、「心」が大事なのである。信心の姿勢が重要なのである。

『池田大作全集』第67巻

＊＊＊

座談会もまた、世代を超えて、人と人を結ぶ。

親がいない青年もいる。子を持たない壮年、婦人もいる。しかし、座談会で学会家族に会える喜びが、一人ひとりを元気にする。

日蓮大聖人は、子どものいなかった佐渡の年配の国府入道・尼御前に、書き送っておられる。

「『その中の衆生は、悉く是れ吾が子なり』との経文の通りであるならば、教主釈尊は入道殿と尼御前の慈父であられる。日蓮はまた、あなた方の子であるはずである」（新版1757ページ・全集1323ページ、通解）と。

この大聖人の大慈大悲に連なって、少年少女部、中・高等部、そして男女青年部から、多宝会の壮年・婦人まで、老若男女が生命の家族として集い合う世界が、学会であり、座談会である。温かく楽しい、活気に満ちた仏の会座そのものの座談会こそ、永遠に広布発展の要である。

『随筆　出発の光』〈崇高なる信心の継承〉

＊＊＊

私たち親が子に残せる財産とは、一体、何でしょうか。

大聖人は、「蔵の財よりも身の財すぐれたり身の財より心の財第一なり」（新版1596ページ・全集1173ページ）と仰せです。「蔵の財」「身の財」も大切ですが、真の幸福を築くのは「心の財」です。

同じ原理で、親が子どもに託せる最高の財は、「心の財」以外にありません。その「心の財」を積む信心と生き方をどう継承していくか。そこで重要なのが、大聖人が仏の「出世の本懐」とまで仰せの「人の振る舞い」です。

親として子どもに接する「振る舞い」を通して、「心の財」も伝わるのです。

かつて私が、家庭での教育について語ったポイントも、いわば親としての「人の振る舞い」を説いたものにほかなりません。

①信心は一生。今は勉学第一で

②子どもと交流する日々の工夫を

首都圏在住の少年少女合唱団の代表が笑顔で（2023年1月、都内で）

③父母が争う姿を見せない
④父母が同時には叱らない
⑤公平に。他の子と比較しない
⑥親の信念の生き方を伝えよう

聡明な振る舞いこそが大切です。根本は、子どもを尊重する「人を敬う」実践です。

「子どもが学校に行くようになったら、手を振って送ってあげる」「多忙で離れていても、電話や手紙で励ましてあげる」等々、戸田先生も、わが家に具体的なアドバイスをくださっていました。

時には子どもが寝坊して、勤行をしないで学校に出かけたこともあります。そんな時、妻は「しっかり祈っておくから、大丈夫よ！」と、笑顔で気持ちよく送り出していました。

信心は一生です。ですから長い目でおおらかに見守り、子どもを、信心のことで窮屈にさせてはいけません。安心して、伸び伸びとさせていくことです。

戸田先生は、「親も子も共に、大聖人の仏子である。学会の庭で子どもと一緒に伸びていこう！　この一念から変わっていくんだよ」とも語られていました。

親が懸命に学会活動に励む姿を、子どもは見ています。一緒に勤行することも大事です。こちらの一念が変わっていけば、必ず親子共に、「心の財」を積みながら、和楽の一家を築いていくことができるのです。

「世界を照らす太陽の仏法」〈後継の育成〉

第2章

小説『新・人間革命』に学ぶ

池田先生の小説『新・人間革命』の中から、「家庭教育」「未来部育成」「創価教育」に関する内容を抜粋して紹介します。

家庭教育の工夫

（第2巻「民衆の旗」の章から）

〈時代背景〉　1960年5月3日に山本伸一が創価学会第3代会長に就任してから、学会は怒濤の前進を開始。会長として広宣流布のため、学会のために、一切を捧げようと決意した伸一は、同年11月20日の第8回女子部総会への出席をはじめ、東北、九州、関西、四国、中国など、同志の激励に東奔西走を続けます。「民衆の旗」の章では、その中にあっても、妻の峯子と共に子どもたちの育成に力を注ぐ様子が描かれています。

ポイント

① 親子の信頼関係は「約束」を守ることから
② 多忙な中でも子どもとの「心」の交流を
③ 「学び」への関心を引き出す工夫が大事

〈山本伸一は年末の午後9時ごろに自宅へ。彼にしては珍しい、久しぶりの早めの帰宅でした〉

ベルを鳴らして玄関のドアを開けると、妻の峯子と三人の子どもが、「お帰りなさい！」と、元気な声で迎えてくれた。

長男の正弘は七歳、次男の久弘は五歳、三男の弘高は二歳である。

「今日は子どもたちが、パパのお誕生日のプレゼントの絵を渡すんだって、起きて待っていたんですよ」

峯子が、微笑みながら告げた。

彼の誕生日は一月二日だが、元日は朝から本部に行き、二日は総本山で過ごすことが恒例になっていたので、子どもたちは、年末にプレゼントを渡すことにしたのである。

伸一は、三男の弘高を抱き上げると、仏間に向かった。彼は、既に学会本部で勤行をすませていたが、子どもたちと、少しの時間、唱題した。

唱題を終え、伸一が別室で着替えていると、峯子が小さな包みを持って来た。

「これは、あなたが子どもたちと約束なさったプレゼントです」

しばらく前に、伸一は、三人の子どもたちの求めに応じて、年末に、ボールペンや図鑑などを買ってあげる約束をしていた。彼は、子どもたちからの要求を、たいてい二つ返事で聞き入れてしまうことが多かった。峯子はその品物を、いつも彼に代わって用意してくれた。

伸一がプレゼントを抱えて、居間に行くと、美しい花が生けられ、テーブルの上には、ケーキが置かれていた。彼の顔を見ると、正弘が言った。

「パパ、お誕生日、おめでとう！ ちょっと早いけどプレゼントを贈ります」

正弘は恭しく、一枚の絵を差し出した。伸一は、両手でそれを受けた。

続いて久弘と弘高も絵を手渡した。いずれも父親である伸一の似顔絵だった。

「ありがとう。みんな上手だね。よくできている」

「えー、ほんと！」

子どもたちは嬉しそうに声をあげた。自分たちの描いた絵に、父親が感心していることが、たまらなく誇らしいようだった。

「一生懸命に頑張って描いたのがよくわかるよ。どんなことでも、一生懸命に頑張り、練習していけば、周りの人がビックリするほど、上手になる。だから優れた人というのは、一番、努力した人なんだよ」

子どもたちが頷いた。

今度は、伸一が子どもたちにプレゼントを手渡した。

「さあ、みんなと約束したプレゼントだ。お兄ちゃんはボールペンだったね」

〝お兄ちゃん〟というのは、長男の正弘のことだ。彼は、久弘のことは〝久ちゃん〟、弘高のことは〝弘ちゃん〟と呼び、呼び捨てにすることはなかった。そこには、子どもは親の所有物ではなく、小さくとも〝対等な人格〟であるという、彼の思いが込められていた。

「パパ、ありがとう」

子どもたちはプレゼントを受け取ると、目を輝かせ、すぐに包みを開いた。

「ワー、万歳！」

「やったー！」

歓声があがった。ケーキを食べながら、家族の歓談が始まった。

〈伸一は生来、子どもが大好きでした。恩師である戸田城聖先生（第2代会長）のもとで少年雑誌の編集に携わっていた時も、読者である子どもたちに会うことを、無上の喜びと

していたのです〉

思えば、会長に就任して以来、家に帰ることができたのは、平均すれば、月に三、四日にすぎなかった。それも、ほとんど深夜であり、起きている子どもたちを見たのは、指折り数えるほどしかない。

会長になる前は、わずかな時間だが、子どもたちと接する時間をつくることもできた。三人の子どもを連れて、銭湯に行ったこともあった。

物語などを話してやったこともあった。豊かな情操を培い、夢と勇気と正義の心を育みたいとの気持ちからである。もっとも、彼の健気な努力にもかかわらず、「ママの方がうまいよ！」と、正直だが、手厳しい感想を聞かされることもあったが……。

長男の正弘には、一緒に武蔵野の美しい自然を眺めながら、自ら詩をつくり、詩の書き方を教えたこともあった。

家にあっても、子どもが伸び伸びと育ち、自然に学習への関心と意欲をもてるように、環境づくりにも工夫をしてきた。

彼の家には、膨大な蔵書を納めた作り付けの本箱があったが、伸一はある時、その扉を

すべて取り外してしまった。背表紙がむき出しのまま並んだ。

峯子が、怪訝な顔をしていると、彼は言った。

「これで、いいんだ。子どもが背表紙を見て育てば、本への興味ももつようになるし、抵抗なく書物になじめるじゃないか。まだ子どもは読まないだろうが、家に本があるかないかで、精神形成のうえでは大きな違いがある」

山本伸一は、レコードも、小さな子どもたちに自由に使わせていた。そのレコードは、伸一が青年時代の貧しい暮らしのなかで、一枚一枚買い集めていった、ベートーベンなど、懐かしい思い出の曲であった。彼が購入したころ、レコードや蓄音機は、まだ高価なものといえた。もちろん、子どもの手にかかれば、レコードが傷つくことも少なくなかった。だが、彼は、その代償を払ったとしても、子どもが自由に名曲に親しむことの方が、はるかに大切であると考えていたのである。

伸一にとって心残りといえば、会長就任後は、子どもたちと接する機会がほとんどなくなってしまったことであった。しかし、もとより、それは覚悟のうえであった。

伸一は、会長に就任した直後の五月五日の「こどもの日」に、一度だけ思い切って時間をつくり、家族で東京タワーに出かけた。今後、そんな時間はもてないことがわかっていただけに、幼い子どもたちの胸に、父と一緒に過ごした思い出を、刻んでおいてやりたかったのである。

峯子には、その伸一の気持ちが痛いほどわかった。楽しそうに子どもたちと語らい遊ぶ夫の姿を見ながら、彼女は心に誓っていた。

〝あなた、子どもたちのことは、ご心配なさらないでください。あなたの分まで力を注ぎ、私の手で、立派に育ててまいります。あなたは、山本家のものではなく、全学会の、全同志のものなのですから〟

伸一もまた、峯子の決意をよく知っていた。

会長として活動を開始した彼は、多忙に多忙を極めたが、子どもとの心の交流は怠らなかった。全国を駆け巡りながらも、行く先々で子どもたちに絵葉書を送った。文面は今日はどこに来ていて、明日はどこへ行くという簡単なものであったが、宛名は連名にせず、必ず一人ひとりに出した。

また、土産を買うことも忘れなかった。それは、決して高価なものではなかったが、そこには彼の、子どもたちへの親愛の情が託されていた。たとえば、海外指導の際の土産は、使用済みの切手のセットだった。世界を身近に感じる契機になってくれればとの、配慮もあってのことであった。

直接、言葉を交わす機会は少なくとも、工夫次第で心の対話を交わすことはできる。これらの一葉一葉の絵葉書や土産の切手は、父と子の心を結ぶ貴重なメッセージであった。

山本伸一が父親として常に心がけていたことは、子どもたちとの約束は、必ず守るということだった。

伸一は、せめて年に一、二度は、一緒に食事をしようと思い、ある時、食事の約束をした。しかし、彼は自分がなさねばならぬことを考えると、そのために、早く帰宅するわけにはいかなかった。そこで、学会本部から車で十分ほどのレストランで、ともに夕食をとることにした。

しかし、その日になると打ち合わせや会合が入り、取れる時間は、往復の移動も含めて、二、三十分しかなかった。だが、それでも伸一はやって来た。ものの五分か十分、一緒にテーブルを囲んだだけで立ち去らねばならなかったが……。

親子の信頼といっても、まず約束を守るところから始まる。もちろん、時には守れないこともあるにちがいない。その場合でも、なんらかのかたちで約束を果たそうとする、人間としての誠実さは子どもに伝わる。それが〝信頼の絆〟をつくりあげていくのだ。

峯子は、足早に去っていく伸一を見送ると、子どもたちに言った。

「パパは、来ることなんてできないほど忙しかったのに、約束を守って、駆けつけてくださったのよ。よかったわね」

まさに、子育ての要諦は夫婦の巧みな連係プレーにあるといえよう。

峯子は自ら、伸一と子どもたちとの、交流の中継基地ともいうべき役割を担っていった。彼女は、夫のスケジュールはすべて頭に入れ、子どもたちに、伸一が今、どこで何をしているか、また、それはなんのためであり、どんな思いでいるのかを語って聞かせた。

一方、伸一と連絡を取る時にも、子ど

もたちの様子を詳細に報告していた。それによって、彼も子どもが何に興味をもち、毎日を、どうやって過ごしているかを知り、的確なアドバイスができた。

子どもの年代に応じて、母親には母親の、また、父親には父親の果たすべき役割がある。山本家では、躾については、日頃、伸一よりも子どもとともに過ごす時間の多い峯子が、主に担っていた。

躾は、親が一緒に行動するなかで、自然に身につくようにすべきものといえるかもしれない。お礼やあいさつをはじめ、〝自分のことは自分でする〟〝散らかしたものは片付ける〟といったことなどは、口で教えれば、できるというものではない。それは体得させる事柄であり、親が根気強く子どものペースに合わせ、ともに行動しなければならないところに、その難しさがある。

〈峯子は、上手に子どもの関心を引き出しながら、おおらかな雰囲気のなかで躾をし、伸び伸びと子どもたちを育てていきます。それは、「信心」についても同様でした〉

彼女は、正弘が平仮名が読めるようになると、勤行を教えた。側について、指で経本の文字を一字一字たどりながら、一緒に声を出して勤行するのである。こうして勤行の基本を身につけた正弘は、小学校に入ると、自分から進んで、方便品、自我偈と唱題の勤行をするようになった。

それは、峯子に手を引かれ、座談会や個人指導に連れられて行った影響もあったにちがいない。母親が不幸に苦しむ人のために、懸命に汗を流し、それを誇りとし、喜びとしている姿を見て育てば、子どもも、自然に信心に目覚めていくものである。

正弘は、時には、寝坊して題目三唱だけで家を出て行くこともあった。

そんな時には、峯子は、こう言って送り出した。

「心配しなくても大丈夫よ。ママが、しっかり祈ってあげるから、安心して行ってらっしゃい。でも、明日は頑張りましょうね」

その一言が、どれほど子どもをホッとさせるか計り知れない。もし、逆に不安をかきたてるような言葉を浴びせられれば、子どもは一日中、暗い気持ちで過ごさねばならない。そこには、価値の創造はないし、それでは、なんのための信仰か、わからなくなってしまう。

山本伸一が子どもたちに対して担った役割は、人間の生き方を教えることであった。彼は、嘘をついてはならないということだけは、厳しく言ってきた。あとはまことに鷹揚で

あった。父親が叱ってばかりいれば、どうしても子どもは、萎縮してしまうからである。彼は、親の責任として、子どもたちを、生涯、広宣流布の使命に生き抜く〝正義の人〟に育て上げねばならないと誓っていた。

小学生の正弘には、伸一の会長就任式となった、五月三日の総会にも参加させた。父の広宣流布に生きる決意を、わが子の魂に焼きつけておきたかったのである。また、長男の正弘が父の心を知り、信仰への自覚を深めれば、それは当然、弟たちにも大きな影響をもたらすからだ。

今、ケーキを頬張り、無邪気にはしゃぐ子どもたちを見ながら、伸一は、しみじみと家庭の幸せを噛み締めていた。そして、彼は、会長である自分の双肩にかかる、百七十万世帯の家庭の幸福のために、来年も力の限り走り抜かねばならぬと、決意を新たにするのであった。

夜更けて、伸一は、峯子とともに、再び仏壇の前に座った。

静寂な室内に、二人の唱題の声が響いた。

未来部の結成

（第9巻「鳳雛」の章から）

〈時代背景〉１９６４年４月、山本伸一は第３代会長就任時に掲げた「３００万世帯の達成」など、一切に大勝利して、恩師・戸田先生の七回忌を迎えました。学会は４００万世帯を突破し、海外には25支部、１万有余のメンバーが誕生。仏法を本格的に社会に展開する新しい時代に入ったのです。伸一は国内外を駆ける中、世界広布の未来へ大きな布石を打ちます。その一つが、高等部・中等部・少年部（後の少年少女部）の発足でした。

ポイント

① 育成の模範を示すことが学会の使命
② 未来部は信心根本に「勉学第一」で！
③ 知恵は「真剣さ」「強き責任感」から生まれる

〈1964年6月1日に行われた、男子部幹部会の席上、「高等部」「中等部」を設置することが発表されました。この2カ月ほど前、伸一は青年部のリーダーたちと、高校生・中学生の育成の重要性について語り合っていました。伸一は、この年の3月に発表された『青少年白書』（1963年版）の中で、少年犯罪が増加していることや、犯罪の低年齢化について指摘されていたことについて言及します〉

青年部の首脳幹部は、真剣な顔で、伸一の話に耳をそばだてていた。

「私は、『青少年白書』のなかで、〝都市化〟が青少年の非行にも、深くかかわっていると論じていたことが、強く印象に残っているんだよ。大都市の盛り場などに遊びに行くと、大勢の人がいるから、そのなかに埋もれてしまったような感覚になる。それで、自分の存在感が希薄になって無責任になり、誤った行動を起こしやすいと分析しているんだ。

また、近年の少年の犯罪は、かつてのように貧困が原因ではなく、普通の生活をしていながら、犯罪に走っているとあったが、これも見過ごしてはならないことだと思う。

日本は、戦後の貧困を完全に脱した。経済的には、確かに豊かになった。大学や高校への進学率も上昇している。また、街の景観も変わった。特に、この秋の東京オリンピックをめざして、東京の街はすっかり整備され、様相は一変した。しかし、少年犯罪は増えている。非行化傾向も進んでいる。これはなぜだと思うかい」

女子部の幹部が答えた。

「子どもたちが、自分をかける、ものがなく、精神的な空虚感がつのっているせいだと思います。受験に勝つことしか、意味がないようにいわれていますから、ほかに人生の目標が、全く見いだせなくなってしまった……」

続いて、男子部の幹部が、意見を述べた。

「私も、白書にあるように、自分というものの存在感が希薄になってきているという傾向はあると思います。

〝自分の役割はなんなのか〟〝自分なんて、どうでもいい存在ではないのか〟という気持ちが、みんなにあるようです。そんな自分に対する、不安と焦りが、非行化に駆り立てているように思えてなりません」

伸一が答えた。

「つまり、自分というものの根本的な価値も、人生の価値も見いだせなくなっている。それは、言い換えれば、なんのための人生なのかが、わからなくなっているということだ。

政府も〝人づくり〟といって、教育に力を入れてはきた。しかし、人間としての使命を教え、人生の価値を創造する教育とは、ほど遠い状態だ。

また、人間として、何が善であり、何が悪なのかを教えることも、悪と戦うということを教えることもなかった。

結局、人間の哲学がないがゆえに、本当に人間をつくることができないでいるんだ。日本の未来、世界の未来を考える時、高校生や中学生などをいかに育成していくかは、極めて重要だ。そして、その模範を示していくことが学会の使命であり、これからの社会的な役割の一つといえる。私は、みんなが賛成ならば、高等部、中等部を結成しようと思う」

「はい、お願いします」

皆の元気な声が響いた。

〈「高等部」「中等部」の設置が聖教新聞で発表されると、全国に大きな喜びが広がりました。そして迎えた1964年6月7日、各地で高等部の結成の集いが行われました。東京・江東区の東京第二本部の会館で開催された結成式には、突然、会長の山本伸一が激励に訪れます。彼は、メンバーと一目でも会おうと、時間をこじあけるようにして、会館に立ち

寄ったのでした〉

「やあ、ご苦労様！」

そこに姿を現したのは、会長の山本伸一であった。

歓声とともに大拍手が起こった。高校生たちの顔が紅潮した。担当の幹部たちは、驚き、慌てた。

伸一の後ろには、青年部長の秋月英介と、もう一人の同行の幹部がいた。

「驚かせてしまってすいません。皆さんの未来への出発を祝って、今日は一緒に勤行をしましょう」

伸一は、にこやかに笑みをたたえて言った。

彼は、秋月から、この日に高等部が結成式を行うという報告を聞くと、高校生たちにひと目でも会い、一言でも激励しようと思った。そして、時間をこじあけるようにして、この東京第二本部の結成式に立ち寄ったのである。

皆、山本会長と間近に接するのは初めてであった。伸一の読経に合わせて、弾けるような喜びの声が唱和した。

勤行が終わると、伸一は参加者に温かい眼差しを注ぎながら、話し始めた。

「どうぞ、膝を崩して、楽にしてください。

人の一生は、十代、二十代でどういう努力をしたか、どういう前進をしたかで、明確に決まってしまうものです。

どうか、皆さんは、これからの十年間、しっかり勉強し、学びに学んで、堅固な人生の土台をつくっていってください。そして、将来は、人びとの幸福のために、人類の平和のために、諸君が学会の土台となって、広宣流布を支えていただきたい。

世界の指導者を見ると、多くは、十代、二十代で、人生の哲学、思想、信念をもち、それを貫いて、三十代、四十代で、偉大な仕事を成し遂げております。

青春時代に、生き方の骨格をつくり、さらに完成させていくところに、確かな人生の道があります。その意味から、諸君も、信心に励み、題目を唱えきって、最高の生命の哲学である仏法を、人生の根本の思想にしていっていただきたいのであります」

次いで、同行の幹部があいさつに立った。

秋月は、こう訴えた。

「本日は各地で、高等部の結成式が行われておりますが、山本先生が出席されたのは、ただ一つ、この会場だけであります。

この会合こそが、広宣流布の歴史に残る、高等部の結成式であることを忘れずに、高等部員の模範となっていただきたいと、念願するものでございます」

結成式を終え、別室に移った伸一は、担当の幹部たちを部屋に招いた。

「どうも、ご苦労様！

高等部は未来の広布を考えると、極めて重要な部になります。本来、私が一人ひとりのメンバーを育んでいきたいが、とても、そこまではできない。

だから、皆さんのお力をお借りしたい。私に代わって、メンバーを励ましていただきたい。今日は、何か聞きたいことがあれば、なんでも聞いてください」

すると、一人の担当幹部が尋ねた。

「高等部や中等部の指導にあたって、最も強調すべきことはなんでしょうか」

伸一は、即座に答えた。

「あくまで勉学第一であり、学問に励むようにすることです。当然、根本は信心です。何のために勉強するのかという、目的を明確にしてあげれば、勉強への取り組みも、自然と積極的になっていくものです。

また、大勢の先輩、よき相談相手が周囲にいれば、安心して自分の人生行路を決めていくことができる。若芽が未来に、スクスクと伸びゆくための応援をしていくことが、高等部、中等部の結成の趣旨です」

別の担当幹部が尋ねた。

「子どもたちに宗教を教え込むのはどうか、という人もいるようですが」

「豊かな心を培い、また、人間としての生き方の骨格をつくっていくのが信仰です。だから、若いうちから、信心をすることが大事になる。

人間として大成するために、信仰の『種』、信念の『種』、哲学の『種』を植えていくんです。そして、将来の社会の指導者を、学会の指導者を育てていくことが、担当者の皆さんの使命です」

さらに、質問は続いた。

「高等部などの活動としては、折伏などは行わないのでしょうか」

「折伏を高等部の活動として打ち出す必要は、全くありません。高等部の場合、どれだけ学業に力を注いだか、ということが勝負です。そして、伸び伸びと、開放的な雰囲気のなかで、豊かな心の持ち主に成長できるよう、配慮していってもらいたい。

また、高等部といえば、もう大人です。昔なら、元服を終えている。したがって、担当者としては、どこまでも対等な人格として、若き同志として接していくことです。同じ人間として、人格の触発を行っていくことが、本当の指導です。

君たち青年部の先輩の激励のいかんで、高等部員が大樹へと成長できるかどうかが決まる。頼んだよ」

〈山本伸一は、首都圏、関西で発足した高等部が軌道に乗ると、組織を全国に広げることを決断。また、中等部を発足させ、1965年1月15日、全国で出発の部員会が行われま

す。伸一は、中等部に5項目の指針を贈るとともに、これまでに集った高等部、中等部のメンバーを第1期生とし、高等部員で決意の署名をするように提案します。青年部長の秋月英介は、次々と伸一から生み出される提案の数々に驚き、「そうしたお考えは、どうすれば出てくるのでしょうか」と質問します〉

「すべては真剣さだよ。私は、二十一世紀のことを真剣に考えている。

その時に、誰が広宣流布を、世界の平和を、担っていくのか。誰が二十一世紀に、本当の学会の精神を伝えていくのか。それは、今の高等部、中等部のメンバーに頼むしかないじゃないか。だから、一人ひとりに、しっかりと成長していってもらうしかない。大人材、大指導者に育ってもらうしかない。

では、どうすればよいのか。何もしなければ、人は育たない。大切なのは触発だ。その触発をもたらすには、日々、命を削る思いで、成長を祈ることだ。そして、〝どうすれば、みんなの励みになるのか〟〝どうすれば、希望がもてるのか〟〝どうすれば、勇気が出せるのか〟を、瞬間瞬間、懸命に考え続けていくことだ。

強き祈りの一念が智慧となり、それが、さまざまな発想となる。責任感とは、その一念の強さのことだ」

〈１９６５年９月23日には、少年部（現在の少年少女部）も結成されました。当時、小学校の５、６年生は、中等部に所属しており、少年部は、１年生から４年生までの少年少女を対象とすることになりました。その構成は、１９６７年に小学校１年生から６年生までの少年少女を、少年部として新編成するまで続けられることになります。この少年部の誕生によって、今日の未来部の組織が整ったのです〉

会長・山本伸一が、「本門の時代」の出発に際し、高等部、中等部、少年部という、未来の人材の泉を掘ったことによって、創価後継の大河の流れが、一段と開かれ、二十一世紀への洋々たる水平線が見えてきたのである。

使命の苗を植え、育む、伸一の人間教育は、青少年の心に、精神の不屈なる力を培っていった。

それは、戦後日本の荒廃した教育に、新しき光を投げかけるものであった。

だが、それに気づく教育者も、学者も皆無であったといってよい。

東京・創価学園の創立

（第12巻「栄光」の章から）

〈時代背景〉1968年、学会は「栄光の年」と掲げました。同志たちの、最大の希望であり喜びであったのが、創価学園（中学校・高等学校）の開校です。4月8日、東京・小平市の創価学園で第1回入学式が晴れやかに行われました。創価学園の建設は伸一にとって、戸田先生から託された構想でした。学園の「創立記念日」は、初代会長・牧口常三郎先生の祥月命日である11月18日（1967年）。「牧口先生の教育思想を宣揚し、継承していく」との誓いが込められていたのです。

ポイント

①創価の学舎の建設は牧口・戸田両先生の悲願

②創立の目的は世界平和に貢献する人材の育成

③山本伸一の人生の総仕上げは「教育」に

武蔵野の空は、朝から美しく澄み渡っていた。濃紺の真新しい学生服に、学帽を被り、春の日差しを浴びて、校門を入る生徒たちの顔には、希望の輝きがあった。

正門を入ると、左手に入学式の会場となる講堂があった。その横には、矢のような形をした、純白の時計台がそびえ立っていた。そして、武蔵野の風情が漂う木立に包まれるようにして、四階建ての、近代的な二棟の校舎が並んでいた。

講堂前は、朝早くから詰めかけた父母たちで、いっぱいであった。随所で歓談の花が咲いていたが、その言葉には関西弁も、東北弁も、九州弁も交じっていた。生徒は、南は沖縄、九州、北は北海道、東北など、全国から集まっていたのである。

一人の母親が、時計台を見上げながら、目を潤ませてつぶやいた。

「校庭も広々としてて緑が多いし、校舎もすばらしいわ。山本先生の創られた、この学校で、うちの子が学べるなんて、ほんま夢のようやわ」

傍らにいた父親が、満面に笑みを浮かべながら頷いた。

「そうやな。苦労してきたかいがあったな。子どもを東京に出すのは大変やけど、息子が頑張るゆうてるんやから、わてらも負けんと、働かなあかんな」

「うちも頑張るで！　それにしても、あの子は、いい時代に生まれたもんやな」

父母たちは、やがて講堂に入ると、そのすばらしさに息をのんだ。階段式に千二百三十余の椅子席が並び、天井は音響効果を考えて、波のような形に設計されていた。

都心の有名な劇場にも引けをとらない、見事な造りである。

「すごい環境やな！　これからあの子は、こんなええとこで、毎日、勉強すんやな」

父母たちが講堂に入り終えると、「タンホイザー大行進曲」が流れ、生徒たちが入場してきた。胸を張って歩く制服姿が、初々しくもあり、凜々しくもあった。

期せずして、拍手がわき起こった。目頭を拭う父母もいた。

校歌の練習のあと、午前十時前、副校長の諸谷文孝の「開会のことば」で、入学式が始まった。

諸谷は、これまで都立高校で社会科を教えてきた、三十二歳の青年教師である。

次いで校長の小山田隆が、あいさつに立った。小山田は理学博士号をもつ、四十四歳の壮年である。東京教育大学で生物学者として研究に従事しながら、都立高校の定時制で、十六年間にわたって教鞭をとってきた。

この小山田と諸谷が、中学と高校を合わせた創価学園の校長、副校長として、学校の運営にあたっていくことになるのである。

小山田は、中学新入生二百十七人、高校新入生三百二十一人の入学を発表したあと、柔和な微笑をたたえて語り始めた。

「新入生の諸君、そして、ご父母の皆様、ご入学、大変におめでとうございます」

その温厚な口調に、彼の人柄があふれていた。

「本校の開校に先立ちまして、創立者の山本伸一先生から、次のような五つの指針を頂戴しております。

一、真理を求め、価値を創造する、英知と情熱の人たれ。

二、決して人に迷惑をかけず、自分の行動は、自分で責任をとる。

三、人には親切に、礼儀正しく、暴力を否定し、信頼と協調を重んずる。

四、自分の信条を堂々と述べ、正義のためには、勇気をもって実行する。

五、進取の気性に富み、栄光ある日本の指導者、世界の指導者に育て。

ご存じの方も多いことと思いますが、これは、四月四日付の聖教新聞に、山本先生が『創価学園の入学式を祝う』と題して発表された談話のなかで、お述べになったものです。ここに、私どもの進むべき道は、明確に示されております。

これらの指針を胸に刻み、有意義な学園生活を送っていただきたいのであります」

伸一は、その談話のなかで、開校の目的について言及し、こう語っている。

「いうまでもなく、創価学園は創価学会のために設立したのではない。我らの願いは、妙法の大地を根底に、崩れざる人類の繁栄と豊かな第三文明の花を咲かせることである。したがって、教育はあくまで教育の分野で、見事な花を咲かせていくのは当然である。

事実、創価学園においては、宗教教育は行わないし、生徒のなかには、学会員以外の子弟が多数含まれている。創価学園は、あくまでも、日本の未来を担い、世界の文化に貢献する、有為の人材を輩出することを理想とするものであり、それ以外のなにものもないことを断言しておきたい」

さらに、伸一は、現在の教育界の混迷の原因として、教育理念の喪失、若人の人格を軽視する風潮、指導者の次代に対する責任感の欠如を指摘。そして、創価学園は、教師も、生徒も、生徒の父母も一体となって、理想の教育の実現に地道な努力を続け、教育界の道標となりゆくことを期待し、次の言葉で話を結んでいる。

「この学窓より、凛々しい幾多の新世紀建設の英才を輩出して、日本、世界の繁栄と平和のために寄与することができるならば、これにすぎる喜びはない」

〈伸一が、「戸田先生から最初に学校の設立構想を聞かされたのは、１９５０年の晩秋のことでした。戸田先生の事業が破綻した苦境の中で、再起の道を求めて激浪の暗夜に船出した時です。戸田先生は言いました。「私の健在なうちにできればいいが、だめかもしれない。伸一、その時は頼むよ。……牧口先生の悲願である創価の学舎には、最高の教育環境を整えてもらいたい」と。この時、伸一は、弟子として、何があろうが、必ず自分の手で創価教育の学校を建設しようと、固く、固く、心に誓ったのです〉

伸一は、戸田亡きあと、ただ一人の総務として、事実上の学会の運営を担っていた時から、学校を建設するための土地を懸命に探し始めた。

彼が用地を選ぶにあたっては、四つの条件があった。

一、武蔵野の大地にある。
一、富士が見える。
一、近くに清らかな水の流れがある。
一、都心から車で、一時間ほどの距離である。

この条件に合った場所として、小平市の西武国分寺線の鷹の台駅に近い土地を紹介された。玉川上水が流れる閑静なところで、広さは一万坪（三万三千平方メートル）ほどあるという。

伸一が、その土地を視察したのは、一九六〇年（昭和三十五年）の四月五日のことであった。彼が第三代会長に就任する一カ月前である。

当時、彼は、会長就任への要請を固辞し続けてきたが、首脳幹部から懇請され、就任を承諾せざるをえない状況がつくられつつあった。伸一は、せめて戸田の七回忌までは猶予がほしかったが、弟子として、学会を率いて立つ決意は固まっていた。

そして、先師・牧口常三郎と、恩師・戸田城聖の構想を実現し、人類の恒久平和の道を開くために、何から手を打つべきかを考え、学校の創立へ、第一歩を踏み出したのである。

伸一は、学会本部が用意してくれた車で、大田区小林町の自宅から、妻の峯子とともに学校建設の候補地へ向かった。

その辺り一帯には、くぬぎ林や木蓮、柳、楠、桃の木、菜の花などがあり、大自然の鼓動が聞こえてくるような、心洗われる平和な風景が広がっていた。伸一の考えた、すべての条件を満たしていた。彼は、最高の教育環境であると思った。

「よし、ここだ。ここに学校を建てよう！」

彼は、決断した。

伸一は、玉川上水のほとりの雑木林で、峯子がつくってきたオニギリを食べた。

水筒の蓋を湯飲み茶碗の代わりに、交互にお茶を飲みながら、二人は語り合った。

「いいところだね。ここに学校ができれば、牧口先生も、戸田先生も、きっとお喜びになるにちがいないよ」

伸一の話に耳を傾けていた峯子が、心配そうに言った。

「でも、学校を設立するとなれば、相当、お金がかかりますでしょ。学会にそんなお金は、ないんじゃありませんか」

このころ、確かに学会は貧しかった。活動に必要な、各地の会館さえ、満足になかった。

伸一は、笑みを浮かべて、峯子に言った。

「大丈夫だよ。ぼくが働くよ。これから本を書いて、書いて、書き続けて、その印税で、世界的な学園を必ずつくってみせるよ」

その言葉に、峯子は微笑んで頷いた。

春風が梢を鳴らした。野鳥が勢いよく、空に飛び立っていった。

この翌月の五月三日、山本伸一は第三代会長に就任した。

激務に次ぐ激務が、彼を待っていた。そのなかで伸一は、あの小平の土地を購入し、学校設立の構想を、緻密に練り上げていった。

〈1968年、いよいよ開校の年を迎えます。1月6日、伸一は創価学園の教職員の代表を招いて、懇談の機会を設け、こう訴えました〉

「いよいよ学園の草創期が始まります。どんな事業でも、基礎をつくり上げるという作業は、苦労も多く、大変なものです。しかし、それが一番大事なんです。

今、頑張れば、永遠に崩れぬ、学園発展の堅固な大基盤をつくることができます。皆さんが苦労した分だけ、創価学園は栄えていきます。また、その苦労が、教師として、人間として、自分を磨き上げていくことになる。今の苦労は、皆さんの生涯の誇りとなり、黄金の思い出となります。

苦労して、経験から学んだことこそ、人間の最高の財産になります。皆さんの後にも、若い優秀な教師がたくさん入ってくると思いますが、その時に、何を伝えていけるかです。今、うんと苦労して、自身の敢闘の歴史をつくっておかなければ、何も後輩に触発を与えることができない、不甲斐ない先輩になってしまう。

今こそ、大情熱をもって立ち上がってください。教育の源泉とは、教師である皆さんの、人間としての情熱です。

みんなで力を合わせ、日本一の学校をつくろうじゃありませんか！　二十一世紀のために、人間教育の最高の学園を建設しましょう！

皆さんは、そのパイオニアです。そして、一人ひとりが創立者であると思ってください」

教職員は、この言葉を魂に刻み、学園の建設に取り組んだのである。

〈創価学園の開校後、伸一は時間をこじあけては学園に足を運び、生徒たちと語らいを交わします。ときに食堂で共に食事をしながら、ときに「栄光寮」を訪れて一人一人を励ましながら。また、下宿生の課題や、成績が伸び悩んでいる生徒のことなど、さまざまな状況を聞きながらの語らいでした。開校から1年3カ月後の、1969年7月17日。第2回栄光祭の席上、学園生による寮歌「草木は萌ゆる」の合唱を聞いた山本伸一は、こう語ります〉

「どうもありがとう！

私の根本の使命は、つまり、人生の本当の総仕上げは、二十一世紀に誇る偉大な指導者をつくることです。

その方法は、教育しかありません。その教育に全精魂を打ち込んでいくことが、私のこれからの最大の仕事となります。

したがって、私は、学園の創立者として、諸君が偉大な大樹に育ってもらいたいと、常に、心から念願しております。それが私の最大の願いであります。どうか、しっかり、頑張っていただきたい」

「はい！」

元気な鳳雛の声が、こだました。

武蔵野の空を、夕闇が包み始めていた。

千人を超す生徒が皆、瞳を輝かせ、真剣な顔で、伸一の話に、一心に耳を傾けていた。

「諸君こそ、二十一世紀の人生を生きる、二十一世紀の指導者です。二十一世紀まで約三十年、諸君はその時、四十代です。私は、今年、四十一歳になりました。これからの十年間、また、十五年間が働き盛りです。

諸君は、今の私と、ほぼ同じ年代に、二十一世紀を迎えることになる。まさに、働き盛りで、新世紀を迎えることになるんです」

伸一は、未来を仰ぎ見るように、空の彼方に視線を向け、言葉をついだ。

「二十一世紀の初めには、この一期生、二期生から、社長や重役、ジャーナリスト、あるいは、科学者、芸術家、医師など、あらゆる世界で、立派に活躍する人がたくさん出ていると、私は信じます。また、ある人は、庶民の指導者として、地味ではあるが、輝く人生を生きているかもしれない。

その二十一世紀に入った二〇〇一年の七月十七日に、ここにいる先生方と、千人の先駆の創価学園生全員が、集い合おうではないか」

「はい！」

誓いのこもった声が、夕空に舞った。

伸一は、さらに、人生には、さまざまな試練や苦労があるだろうが、すべて、指導者としての訓練と受け止めて克服してほしいと訴え、再び、呼びかけた。

「その一つの決勝点として、西暦二〇〇一年をめざそう。一人も負けてはいけないよ。健康で、世界に輝く存在として集まっていただきたい。

師子から育った子は、全部、師子です。この創価学園から育った人は、皆、栄光輝く使命を担った存在です。

人生の栄光とは、どんな立場であれ、わが使命に生き抜くなかにある。根本的には、社会的な地位や役職が高いとか低いとか、富貴であるかないかなどは、問題ではない。人間として、どう輝くかです。

私も、二〇〇一年を楽しみにして、諸君のために道を開き、陰ながら諸君を見守っていきます。それが、私の最大の喜びであるし、私の人生です。

そういうつもりでおりますから、どうか思う存分に、それぞれの人生を、堂々と闊歩していっていただきたい」

伸一は、この日、生徒たちが退場するまで、手を振って見送った。

彼らは二〇〇一年に集おうと言われても、実感はわかなかった。

ただ、二十一世紀の世界平和を担う人材を、命がけで育てようとする、創立者の心は、痛いほどわかった。その心に、なんとしても応えようと思った。

栄光祭は、鳳雛たちの二十一世紀への旅立ちの舞台となり、人生の誓いの場となったのである。

21世紀を見すえて

（第14巻「大河」の章から）

〈時代背景〉本章は、山本伸一の会長就任10周年となる1970年5月3日の本部総会から始まります。前年秋から、学会に襲いかかった試練の嵐が「言論・出版問題」でした。学会批判書を書いた著者に対して、学会の幹部が事実に基づく執筆などを要望したことをマスコミや政党等が言論弾圧として騒ぎ立て、非難の集中砲火を浴びせたのです。事態が収束に向かい始めたころ、伸一は記者会見で、こう宣言します。「学会がどうなるか、二十一世紀を見てください。社会に大きく貢献する人材が必ず陸続と育つでしょう。その時が、私の勝負です！」

ポイント

① 試練の嵐の中で一段と力を注いだことが未来部の育成
② 決して子ども扱いをせずに未来の指導者として接する
③ 真剣な中にも「自由で楽しい思い出」を残す

〈1970年6月27日、山本伸一は、箱根にある研修所（後の神奈川研修道場）に高等部、中等部、少年・少女部の代表を招き、研修会を行います。夕刻、首都圏のメンバー60人を乗せたバスが到着しました〉

すぐに食堂で、伸一を囲み、夕食が始まった。メニューはカレーライスである。

年長でも、十七歳の高校二年生であり、最年少は十歳の小学校四年生であった。

「待っていたんだよ。さあ、食べよう」

伸一が言うと、皆、元気に食べ始めた。

食事をしながら、話をしようと思ったが、子どもたちは皆、食べるのに夢中であった。

料理は、瞬く間に平らげられた。

その光景を、伸一は、妻の峯子とともに、目を細めながら見ていた。

食事が終わると、皆で和室の集会室に移った。

まず伸一は、この箱根の研修所が、学会の歴史のなかで、どんな意味をもっているかについて語っていった。

――一九五七年（昭和三十二年）七月、山本伸一が選挙違反という無実の罪を着せられ、

逮捕されるという弾圧事件が起こった。「大阪事件」である。そこには、社会の改革に立ち上がった、創価学会という民衆勢力の台頭を阻もうとする、国家権力の意図が働いていた。以来、伸一は、約四年半にわたって裁判闘争を続け、六二年（同三十七年）一月、無罪判決を勝ち取るのである。

伸一は言った。

「巧妙に仕組まれた事件であり、弁護士も勝てないという裁判でした。しかし、断じて勝って、学会の正義を証明しようと、青年たちが集まり、打ち合わせを行った場所が、ここなんです」

参加者のなかには、小学生もいたが、伸一は、広布後継の指導者になる使命をもった人ゆえに、学会の真実の歴史を教えておきたかった。

そして、民衆を隷属させようとする魔性の権力との、熾烈な闘争が広宣流布であることを、若い魂に伝えておきたかったのである。

小学生たちも、真剣な顔で頷きながら、伸一の話に耳を澄ませていた。

ここで、伸一は話題を変えた。箱根や仙石原、芦ノ湖などの、地名の由来を、わかりやすく説明していった。皆、興味深そうに、目を輝かせて聞いていた。

彼の話は、子どもたちを飽きさせなかった。〝なぜだろう〟という探究心をかき立てる話し方であった。伸一は、地名の由来から、何事も旺盛な好奇心をもち、勉強していくことの大切さを訴えた。

「民衆を守り、幸福にするために、みんな、しっかり勉強してほしい。私は、このなかから、大文学者や大科学者、大記者、また、偉大な政治家も、どんどん出てもらいたいんだ。全員が、何かの道で、最高のものをめざしてください。羊千匹より、獅子一匹だ！

それには努力です。天才とは何か。人より十倍、百倍、努力した人のことです。

また、人生の勝負は何歳か。いろいろな考え方ができるが、一つの目標として、私は五十歳だと思っています。その時に、人間の真価が決まるといってよい。

人生というのは、〝絶対にこうしよう〟〝こうなっていこう〟と心を定め、真剣に頑張り抜いていけば、必ず、自分が納得できる結果が得られるものです。大切なのは、毎日毎日の精進です。どんなに辛く苦しくとも、負けないで、懸命に努力を重ねることです。それが人生の根っこをつくることになる。

根が深くなければ、大木には育たない。二十代、三十代で、有名になったとしても、人生の本当の価値とはならないことが多い。むしろ、それによって人生の真実の価値がわからなくなり、幻惑されてしまうこともある」

人生をいかに生きるかという話である。学校では、ほとんど語られないテーマといってよい。だが、本来、最も大事な話である。

伸一は、子どもたち一人ひとりに視線を注ぎながら言った。

「私は、みんなが五十歳になった時に、どんな人生を歩んでいるか、じっと見ていきたい。みんな、頑張れるね」

「はい！」

元気な声が跳ね返ってきた。

だが、彼は、あえて厳しい口調で言った。

「返事は簡単です。実際にそうなるかどうかが問題だ。それには、自分に厳しく挑戦し抜いていくことです。人は、みんな自分の弱さに敗れていく。自分に勝つ人が、本当の勇者なんです」

その言葉は、若い魂を激しく打った。皆の胸に、熱い決意がほとばしった。

それから伸一は、何か聞きたいことがあれば、質問するように言った。

男子中学生が尋ねた。

「頭がよいということは、どういうことでしょうか」

伸一は、ニッコリと頷いた。

「いい質問だね。かつて戸田先生が、紙に筆で一本の線を引き、そのすぐ上と下を指さしながら、こうおっしゃったことがある。

――『頭がいいとか、悪いとか言ったって、所詮、この程度の差だ。違いなんてほとんどない』

人には誰でも、得意、不得意はあるし、実は皆、なんらかの天才になる力をもっているものなんだ。だから、総合的に見れば、人間の能力なんて、そんなに変わるものではない。

今日、金魚を買いに行ったが、その金魚屋さんは、金魚をすくうのが実にうまかった。私は〝すごいなー〟と思った。

これから花火をやりますが、一流の花火師もいる。花を育てるのが上手な人もいる。人を思いやる能力もあれば、人を笑わせる能力もある。絵や文の才能がある人もいれば、野球がうまい人もいる。また、頭がよいといっても、記憶力や理解力だけが能力ではない。探究する能力や独創性に優れた人もいる。

学校の成績は、もちろん、よい方がいいに決まっています。しかし、それだけで人間の

能力を推し量ることなんかできません。だから、これまで成績が悪かった人がいたとしても、『自分は頭が悪い』なんて思うのは間違いです」

伸一の話に、皆の目が一段と輝いた。

「ある人が『頭がいい人というのは常に疑問をもっている人である』と語っていたが、私もそうだと思う。一つ一つの事柄を、ただ鵜呑みにするのではなく、『どうしてそうなるのだろう』『本当にそうなのだろうか』『もっとほかに方法はないのか』と考える人です。それは、偉大な発見や発明をした人にも、共通しています。

考えても、すぐにはわからないことも多いでしょう。

その場合には、学校の先生に質問することも大事です。本を読んで考えてみることもいいでしょう。その探究心が大切なんです。

人には、皆、個性がある。全く同じ顔の人がいないように、もっている能力もさまざまです。だから、互いに尊敬し合いながら、師子の子らしく、自分の決めた道で、一流をめざしていってもらいたい」

〝師子〟とは、何も特別な存在になることではない。自身の使命に生き、個性を最大に伸ばしていくことである。

「この世に生まれてきたということは、尊い使命をもっているということなんです。使命のない人はいません。未来に羽ばたく使命を自覚し、努力を重ねていった時に、才能の芽は急速に伸びます。

君たちには、二十一世紀の広宣流布を担う尊い使命がある。その使命を本当に自覚するならば、能力が開発されないわけがない。最高の力が発揮できます。しかも、無限の智慧を涌現していくことができる、御本尊を持っているではありませんか！」

皆、自信を得たのか、明るい顔になった。

今度は、女子の中学生が質問した。

「私は将来、世界平和に貢献できるようになりたいと思っていますが、そのために今、何をすればよいでしょうか」

伸一は、健気な気持ちが嬉しかった。微笑を浮かべながら語り始めた。

「まず、世界の平和を生涯のわが使命と決め、信心を貫いていくことです。人類の平和実現の根本的な道は、生命の尊厳を説き明かした仏法にしかないからです。だから今は、しっかり信心に励み、教学も学んで、仏法への確信を深めていくことが必要です。

また、理想を実現していくためには、健康であることが大事です。したがって、体を鍛

え、頑健にしておくことです。

私は、体が弱かったから、健康の大切さが、人一倍よくわかる。

そして、勉強です。実際に平和貢献する場合、なんらかの専門的な知識や技能が求められる。今は、その基礎となる勉強を、しっかりしておかなければならない。特に、語学は欠かせません。平和は対話から始まるからです。語学ができなければ、世界の人たちと、コミュニケーションが図れない。

あとは、人格を磨いていくことです。お母さんや友だちと喧嘩したりしないで、誰からも信頼される人になっていってください。

口で平和を唱えても、周りの人と喧嘩ばかりしているようでは、まやかしの平和主義者です。平和といっても、身近なことから始まります。まず、自分自身のなかにある、人に対する偏見や差別、また、わがままな心と戦い、勝たねばならない。同時に、慈悲、つまり人びとの幸福を願い、行動する強い心を培い、自らの人間性を高めていくことです。

戦争を起こすのは人間です。だから、その人間の生命を変え、人間の心のなかに平和の砦を築かなければならない。それが人間革命であり、その源泉が題目です。

この人間革命の思想と実践の道を世界に伝えていくことこそ、人類の平和を建設する根本なんです。わかるかな」

皆が頷いた。どの目も、澄んで美しかった。

伸一は、参加者のなかに、父親のいない人がいることを聞いていた。

彼は、そのメンバーのために、一言しておきたいと思った。最も悲しい思いをしてきた人を励ますのが、〝学会の心〟である。

「ところで、皆それぞれ、家庭環境は違っています。お父さんやお母さんがいないという人もいるでしょう。両親がそろっている人は幸せです。しかし、仏法の眼から見れば、親がいない場合は、もっと幸せとも言える。

では、なぜ、そう言えるのか——。

お父さんやお母さんがいなければ、経済的にも精神的にも、大変なことが多いと思う。しかし、苦労があるということは、自分を磨き鍛えることができる。

また、人の苦しみもよくわかる人になれるし、大変な状況にある人を、自分の体験を通して励ましていくことができる。

つまり、苦労があるということは、自分を強くし、民衆のリーダーとして育つ大事な条件を手にしたことになる。だから結果的に見れば、それは幸せなことであるといえるんです。

また、お父さんやお母さんが信心をしていない人もいるかもしれない。それもまた、深い意味があることなんです。

私の場合は、最初、両親も、家族も、誰も信心をしていなかった。だから、一家の幸福と繁栄のために、私が頑張らなければならないと思った。それによって、甘えを排して信心に取り組むことができたんです。逆境は成長のための道場であり、幸福を創造するための舞台であることを知ってください」

皆、一斉に頷いた。

〈ひとしきり話を終えると、山本伸一は笑顔で言いました〉

「これで難しい話は終わりだよ。さあ、外に出て一緒に花火をやろう。楽しく遊ぼうよ。自由でいいからね」

伸一は、立ち上がろうとすると、体がふらっとした。発熱していたのである。周りにいた高校生たちが、彼を支えた。

伸一に同行していた幹部が言った。

「先生、夜露はお体にさわりますので、お部屋にいてください」

「いいんだ。みんなと一緒にいたいんだ！」

人間を育もうとするからには、生命を削る覚悟がなくてはならない。

外に出ると、子どもたちが歓声をあげた。

広々とした庭があり、彼方には黒い山並みが見えた。そして、空には、星が輝いていた。

伸一も、竹の棒を杖代わりにして表に出た。彼の周りで一緒に花火をする子もいれば、友だち同士で花火に興じる子もいた。

伸一は、周囲にいた子どもたちに声をかけ、家庭の様子などを尋ねた。

両親の信心があまり強盛ではないという話を聞くと、彼は言った。

「そうか、大変だね。でも、その分、あなたがしっかり信心に励めばいいんだよ。大きな暖炉が一つあれば、部屋中が暖まるじゃないか。同じように、あなたが頑張れば、その福運で両親を包んでいくことができるんだよ。だから、あなたは、絶対に退転してはいけないよ。約束しよう。よし、指切りだ」

そして、彼は、「ご両親に」と言って、お土産を渡した。

星空を見ていて、「宇宙に行きたい」と言い出した小学生の女の子とも対話を交わした。

「宇宙か。ぼくも行きたいな。

でも、仏法では自分自身が宇宙と同じだと説いているんだよ」

そして、少女の頭を指さして説明していった。

「頭はまるいよね。これは天を表し、髪の毛は無数の星。両目は太陽と月で、目が開いたり、閉じたりするのは昼と夜。眉毛は北斗七星だよ。

鼻の息は谷間の風、大きな十二の関節は、一年が十二カ月であることを表し、小さな関節は、一年の一日一日を表している。また、体に流れている血管は川なんだよ。太いのは大河、毛細血管は小川だね。

つまり、自分自身が一つの宇宙であり、自分の生命のなかに幸福の大宮殿もあるんだよ。そのなかに入っていくための信心なんだ」

また、彼は、花火を見ながら、周りの子どもたちに言った。

「花火はきれいだね。でも、華やかだけど、一瞬で終わってしまう。

マスコミや芸能界で、もてはやされている人を見ると、〝いいな〟と思うかもしれないが、それは花火みたいに、一瞬にすぎないものだよ。大事なことは、何があっても崩れない、自分自身をつくりあげていくことだ。それが信心をすることの意味でもある」

小・中学生のなかには「探検」だと言って、庭の向こうまで行き、姿が見えなくなってしまった子どももいた。担当の幹部が、慌てて捜しに行く一幕もあった。さらに、蛙を捕まえてきた男の子もいた。

大人たちは顔をしかめたが、伸一は微笑みながら言った。

「君は勇気があるね。ほかの人も、都会で暮らしているんだから、こういう時に、うんと自然に触れておくんだよ。そのために、ここに呼んだんだから、いろいろな体験をしておきなさい」

花火を終えてからも、伸一は、食堂などでくつろぐメンバーを励ました。学校生活の悩みや、進路についての相談にものった。彼は、一人ひとりと言葉を交わし、皆のことを生命に刻印しておきたかった。

創価大学の開学

（第15巻「創価大学」の章から）

〈時代背景〉1971年4月2日、東京・八王子市に創価大学が開学します。山本伸一の手によって、牧口常三郎先生、戸田城聖先生の念願だった創価教育の大城が誕生したのです。

ポイント

① 「学生が主体者」となる大学の建設
② 人間主義のリーダーを育成する最高学府
③ 創大生は創立者にとって「わが命」

創価大学を創立した伸一の目的は、学会員であるなしを問わず、人類益のために貢献し、世界の平和を創造する、人間主義のリーダーを育成することであった。

だが、「創価大学をつくった狙いは、卒業生を各界に送り出し、国家、社会を支配し、意

のままに操ることにある」などという、妄想じみた話も流された。

最高学府である大学の出身者が各界に進出し、リーダーに育ち、社会に貢献していくのは当然である。そのための高等教育ではないか。ある大学の出身者が各界に雄飛したからといって、法治国家のなかで、ルールを無視して国や社会を操ることができるなどと、本当に考えているのだろうか。

学会が反社会的な集団であるかのように思わせ、イメージダウンを図ろうとした、嫉妬による悪質な喧伝であったといってよい。

前年、創価学会は「言論・出版問題」の嵐に襲われたが、今なお、会長の山本伸一を狙い撃ちにし、学会の前進を阻もうとする勢力の画策は続いていたのだ。

かつて戸田城聖は、事業の失敗という最大の試練のなかで、伸一に大学設立の構想を語ったが、創価大学の船出もまた、荒れ狂う嵐のさなかであったのである。

伸一は、宗教を教育の場に、そのまま持ち込むのではなく、仏法を人間教育の土壌とした、新しい大学の建設を考えていた。

教育には、宗教的な基盤は不可欠である。宗教なき教育は、羅針盤を失った船に等しい。いかに多くの知識という燃料を注入しても、宗教という生き方の芯がなければ、人生の航路を見失ってしまうことになるからだ。

創価大学は、牧口常三郎の創価教育を根本にした大学であり、さらに、その根底には、仏法の人間主義の哲理がある。そして、真実の仏法は、万人に尊極の「仏」を見る、生命の尊厳と平等の哲理である。また、人びとの苦を抜き、楽を与えようとする慈悲の思想である。つまり、人類の幸福と平和を実現する、普遍的な原理を説き示しているのが仏法であり、決して、特別なものではない。仏法の精神は、人道となって、光り輝くのである。

それを教育の基本理念として具体化したのが、「人間教育の最高学府たれ」「新しき大文化建設の揺籃たれ」「人類の平和を守るフォートレスたれ」とのモットーである。

ゆえに伸一は、大学として特別な宗教教育はしなくとも、教職員や学生が、この建学の基本理念に賛同し、その実現に取り組むなかに、仏法の人間主義の精神は、創価大学の教育に、自ずから脈打つはずであると確信していた。また、教職員の人格、生き方を通して、創価教育の道を開いてほしいというのが、彼の希望でもあった。

伸一は、世界の平和と文化の創造という、人類の普遍的なテーマに貢献する人材を育成するために、教職員は、全生命を燃焼させてほしいと、強く願っていた。

創価大学に対して、一部のマスコミは、面白おかしく批判を書きたてていたが、予想を上回る多くの人が志願し、高倍率の入学試験を突破した七百数十人が一期生となったのである。伸一は、創価大学に集ってきた学生たちの、その気持ちがありがたく、嬉しかった。

開学式の行われた日、彼は、戸田城聖の墓前で誓ったのである。

「先生、必ず将来は、創価大学の出身者のなかから、数多くの博士も、大教育者も、大政治家も誕生いたします。ノーベル賞を受賞する人も、きっと出ることでしょう。わが生涯をかけて、この創価大学を、日本一、世界一の大学にしてまいります」

〈創立者の山本伸一は、創価大学の運営については、大学の自主性を尊重し、開学式も、入学式も出席を控えます。5月、創大生の代表等に〝学生が主体者となってすべての問題に取り組んでいってほしい〟と語りました。1期生たちは、創立者と同じ責任感で、大学建設に奮闘していきます。当初、教員の一部に伸一の来学を歓迎しない空気がありました。学生たちは自分たちが創立者を呼ぼうと、大学祭として「創大祭」を企画・開催。伸一の訪問が実現します〉

秋晴れの空が広がっていた。頭上には太陽が、黄金の光を放っていた。山の彼方に、白雪を頂いた富士が見えた。

十一月二十一日、「創大祭」開幕の日である。

午後一時過ぎ――。

創価大学の文科系校舎の正面玄関前には、「創大祭」実行委員長の奥田義雄をはじめ、学生の代表ら数人が、緊張した顔で立っていた。

ほどなく、正面玄関前に車が止まった。メンバーが駆け寄るより早く、ドアが開いた。

伸一のこぼれるような笑顔があった。

「ご苦労様！　約束通り来たよ！」

「先生、ようこそ創価大学に……」

奥田の声は、そこで詰まった。熱いものが込み上げ、最後は声にならなかったのである。

「今日は、全部、見せてもらうよ。みんなが苦労に苦労を重ねて、準備したんだもの」

こう言うと伸一は、早速、周辺の模擬店の学生たちを励まして歩いた。

そして、各教室で行われている展示を、くまなく見て回った。

案内する奥田は、夢を見ている気がした。

伸一は「工夫しているね。準備には何日ぐらいかかったんだい」など、行く先々で学生たちに声をかけた。

創立者を初めて間近に見る学生も多かった。そのせいか、幾分、緊張した表情の学生もいた。すると、彼は、ユーモアを交えて言った。

「おなかが空いているのかい。あとで屋台のおでんをご馳走するから、元気を出すんだよ」

心をほぐすような言葉に、笑いが広がった。

展示には、新潟水俣病の研究もあった。粘土で作った阿賀野川流域の模型や、パネル、写真が飾られ、新潟水俣病の経過や悲惨な実態が浮き彫りにされていた。そこには、人びとの苦悩を見逃さずにはおくものかという、社会正義の心があふれていた。

伸一は、学生たちに、〝人間教育の最高学府〟を標榜する創価大学の建学の精神が、力強く脈打っているのを感じた。大学祭が、単にお祭り騒ぎの場となりつつあるなかで、真剣な研究成果が光る展示が、彼は嬉しかった。

「よく研究したね。大変だっただろう」

新潟水俣病の展示企画を、中心となって進めてきた浜田正明が言った。

「現地調査を行ったことで、公害の実態がよくわかりました」

彼らは、新潟まで車を飛ばして、現地の被害状況を調査した。また、患者を診てきた新潟大学の医師にも話を聞いた。

その調査の際に、よく「どちらの大学ですか」との質問を受けた。「創価大学です」と答えると、聞き慣れぬ大学の名前に、誰もが首をかしげた。

学生たちは、まず、創価大学の説明から始めなければならなかった。

「ほう、そんな大学があったんですか」という人もいれば、「それは、あの創価学会がつくった大学ですか」と、興味津々という顔で尋ねる人もいた。

創大生たちは、胸を張って答えた。

「はい、創立者は、創価学会の会長の山本伸一先生です」

すると、なかには冷笑を浮かべる人もいた。

しかし、新潟水俣病の調査・研究に情熱を燃やす学生たちの、真面目で真剣な態度に接するうちに、多くの人が、創価大学への認識を深め、好感をいだくようになっていった。

新潟水俣病への対策に取り組んできた、ある関係者は、地元の学会員にこう語った。

「創価学会がつくった大学の学生というから、どんな人たちかと思っていたら、実に誠実で、社会正義に燃えていた。それは、最も大切な、人間をつくる教育が創価大学でなされているということだ。感心したよ」

創大生たちは、自分たち一人ひとりが、創価大学の代表であるとの、強い自覚をもっていた。だから、不勉強であったり、だらしのない態度ではいけないと、皆が強く、自分を戒めていたのである。

伸一は、浜田の説明を聞きながら、ねぎらいの言葉をかけた。

「ありがとう。すばらしい研究です。展示にもみんなの顔にも、苦労のあとが滲み出ているよ。ところで、今夜は、ぐっすり眠るんだよ」

不眠不休で「創大祭」の準備にあたってきたために、メンバーの目は、赤く充血していたのだ。しかし、その表情は晴れやかであった。

教室の展示には、戦時中、日本本土を守るための捨て石とされ、犠牲となった沖縄の歴史から、平和とは何かを考える企画もあった。

国際社会で注目されていた現代中国の研究もあった。国際交流をテーマにした展示も多かった。

討論会もあれば、各種の音楽演奏や映画、演劇、そして、落語と、実に多彩であった。模擬店も大盛況であった。

すべての展示を見て回った山本伸一の体は、疲労の極にあった。足は棒のようになっていた。彼は、総本山での行事に出席し、寸暇を惜しんで原稿の執筆にあたっていたが、この日、時間をこじ開けるようにして「創大祭」にやって来たのだ。首も、肩も、凝り固まり、腕を上げようとすると、ボキッと音がした。

それを聞いた同行の幹部が言った。

「先生、お疲れではありませんか。このあと、体育館で創大祭記念フェスティバルが行われますが、ご出席になりますか」

伸一は、毅然とした口調で答えた。

「当然、出席します。最も敬愛する創大生に招かれ、皆を励ますために来たんです。たとえ、倒れようが、全力を振り絞って、私は皆と会う」

伸一が体育館に姿を現した。

「ワーッ!」という大歓声と、嵐のような拍手が沸き起こった。

立ち上がって、手を振る学生もいた。

〝山本先生だ! 先生が来てくださった!〟

入学以来七カ月余り、待ちに待った創立者の正式な来学である。

喜びのなかで、記念フェスティバルは幕を開けた。

伸一は、身を乗り出しながら、学生の演奏や演技を見守り、喝采を送り続けた。

やがて、伸一にマイクが渡された。全学生に向かっての、初めてのスピーチである。皆、固唾をのんだ。

伸一の声が響いた。

「私は、心から感動しております。

創価大学は、日本ではまだ最も少人数の大学であるかもしれない。しかし、これほど有意義で、清潔で、美しい大学祭はほかにはないと確信しています」

誰もが、深い感慨を覚え、熱い感動が胸いっぱいに広がっていた。

伸一は、一人ひとりに視線を注ぎながら、力を込めて訴えた。

「苦労して第一回の大学祭を運営した諸君の努力は、二十年先、三十年先に、必ずや偉大な栄光の花として咲き薫ると、私は信じております。

今後、諸君の後には、何万、何十万という後輩が、陸続と創価大学の門をくぐることでしょう。その後輩たちのためにも、先駆となって、道なき道を開き、建学の精神に貫かれた人間教育の軌道を、つくっていただきたいのであります」

さらに彼は、人間の社会にあって、最も教育が大切であることを述べたあと、学生たちへの思いを語った。

「私は、皆さん方に、偉大な人格をもつ人として、相対していきたい。皆さんは私よりも、何十倍、何百倍も偉い、無限の可能性を秘めた人格者であると、心の底から尊敬いたしております。

ヨーロッパの大学の歴史を見ても、本来、学生と教師は、人間的には対等の関係にあった。その人間関係の絆があってこそ、世界的な偉業を打ち立てる人や、立派な平和の指導者が輩出できたのであります。教育の世界は、そうでなければならないと、私はかねてより、深く心に決めておりました。それが私の基本精神であります。

私は、諸君は人間主義の理念を掲げ、社会に飛翔していく、偉大なる指導者の集まりであると、固く信じております。その意味からも、私は諸君の成長を、何よりも楽しみにし、何よりも期待し、陰の陰の立場で、生涯、応援してまいる決意であります。

本日は大変にありがとうございました。また、お会いしましょう」

伸一のスピーチは終わった。簡潔であった。しかし、そのなかに、創立者の情愛があふれ、「学生中心の大学」という創価大学像が鮮明に浮かび上がっていた。

再び大拍手が舞った。

伸一は、深く礼をし、出口に向かった。

「先生！」という声があちこちから響いた。

創価教育の師と弟子たちの、出会いの原点は刻まれた。

それは、人間教育の城に、師弟のシンフォニーが、高らかに鳴り響いた瞬間であった。

幸福の　一生飾れや　今日勝ちて

それが伸一の思いであった。

また、彼は、心で、こう叫んでいた。

——歴史を創るのは人間だ。その主役は君自身、あなた自身だ。人を頼むな。君が、あなたが、痛快な創造のドラマを演ずるのだ。猛然と立ち上がれ！　自身の殻を打ち破れ！　新しき時代は、新しき挑戦によって開かれる。日々前進だ！　日々向上だ！　挑戦を忘れれば惰性に陥り、待っているのは停滞と敗北だ。昨日の自分を断じて越えよ！　そして、今日という日を、断固として勝て！　そこに人生の勝利の方程式がある。

〈1972年秋、創価大学の理事会は、学費値上げの改定案を示しました。しかし、その進め方は、創立者が示した〝学生参加〟の原則に反するものだと学生たちは主張し、白紙撤回となったのです。その後、大学建設の主体者の自覚に立つ学生たちは、大学の財政について協議を重ね、自主的に学費値上げを決議しました。

73年の第3回入学式には、伸一が初めて出席します。彼は、創価大学は、人類のため、無名の庶民の幸福のために開学したと述べ、「創造的人間であれ！」と訴えました。

同年7月、伸一は「滝山祭」の盆踊り大会で、学生の中に飛び込み、手の皮がむけるほど太鼓をたたくなど、全身全霊で激励を続けます。また、この年の「創大祭」の祝賀会では、学生のために就職の道を開こうと、招待した各企業のトップ一人一人に、自ら名刺を渡してあいさつに回りました。75年3月、創価大学は第1回の卒業式を迎えます〉

創価大学の第一回卒業式が行われた一九七五年（昭和五十年）三月二十二日は、美しい青空が広がっていた。

彼方には、一期生の未来への旅立ちを祝うかのように、白雪の富士が光っていた。

会場の中央体育館は、初の卒業生を祝福しようと集った教職員、理事、来賓、父母、そして、在校生で埋まり、熱気にあふれていた。四年前の入学式は、二階席の多くが空席であり、閑散とした印象があった。しかし、今は卒業生を祝う、たくさんの後輩たちがいた。創価教育によって育まれた、人類の幸福と平和を築く英才の第一陣が、いよいよ社会に躍り出るのだ。

正午前、伸一が会場に姿を現すと、期せずして歓声があがった。

〝創立者の山本先生が出席してくださった！〟

卒業生のなかには、入学式のことを思い返す人もいた。

あの日、創立者の出席はなかった。いや、初年度は、「創大祭」以外には、公式に大学を訪問することさえなかった。

〝それは、残念なことではあったが、結果的に見て、そのことが私たちに、パイオニアの自覚を、一人ひとりが創立者であるとの自覚をもたらすことになった。それ自体、山本先生の訓育であったのかもしれない〟

一期生の多くは、そう実感していた。恵まれた条件が、必ずしも、人間を育むとは限らない。時に逆境こそが最高の教師となる。

卒業式が始まった。

開式の辞、卒業証書授与、表彰、告辞、答辞と式は進んだ。卒業生の目には、希望の輝きがあった。その顔には、栄えある創大一期生としての、誇りと決意がみなぎっていた。

最後に、雷鳴のような拍手のなか、創立者の山本伸一があいさつに立った。

「若き英才の諸君に、一言ごあいさつを申し上げます。陽光燦たる本日は、諸君にとっては、人生の春とも言うべき、めでたい卒業式であります……」

伸一は、まず卒業生を心から祝福するとともに、教職員に、深く感謝の意を表した。

そして、それぞれ進路は異なっても、「たくましき福運の青春であれ」と、万感の思いを込めて呼びかけたのである。

伸一は、開道者として歴史を築き上げてくれた一期生に、敬愛の念を込めて語った。

「私の信ずる仏法には『霊山一会儼然として未だ散らず』という一つの原理がございます。これは、砕いていえば、散ってなおかつ散っていない、という不思議な原理であります。卒業して離れ離れになることは、散っていく姿と言えます。しかし、諸君は、生涯、『創価大学の一会儼然として未だ散らず』との心で生き抜くことを、この席において盟約してはどうかと、ご提案申し上げたいと思いますが、いかがでありましょうか！」

皆が大拍手で応えた。

〝自分たちは、どこに行こうが、創立者のもとに集った栄光の創大一期生だ！　生涯にわたる、固く強い友情に結ばれた永遠の友だ！〟

それが、全卒業生の気持ちであった。

いわば、伸一の提案は皆の思いを代弁するものであったといってよい。

さらに彼は、師であった戸田城聖の、「社会に信念の人を」という言葉を贈り、実社会で生き抜くうえで、正しく深い信念を堅持することの大切さを語った。

また、人生の成功のカギとして、金銭問題には断じて正義感を崩さず、異性の問題には慎重に、賢明に臨み、職場の人事問題で悩むことがあっても、「人生修行」と受け止めていくことが大事であると訴えたのである。

次いで、大学を卒業したあとは、自分で自分を教育する生涯教育のコースに入ると述べ、何歳になろうと、向学心を燃やし続けることが必要であると強調した。

そして、こう話を結んだのである。

「学ぶのは、充電であり、それを役立てていくのは発電であります。一生、この充電、発電を絶やさずに繰り返していけるようになったならば、その人は必ず人間の勝利者になっていくでありましょう。

ともあれ、二十一世紀の担い手たる前途有為の諸君！　私は皆さんの健康、そして、長寿を祈って、晴れの門出のお祝いとするものであります。

では、未来に向かって勇ましく第一歩を踏み出してください！」

怒濤を思わせる大拍手が、いつまでも鳴りやまなかった。

学生歌の大合唱で、卒業式は終わった。

伸一は、舞台のソデから退場せず、フロアに降りた。そして、最前列に並んでいた卒業生に手を差し出し、一人ひとりに声をかけながら、固い握手を交わした。

「お元気で！」

「何があっても負けないで！」

「君たちのことは、生涯、忘れません」

「創大生の誇りを忘れずに！」

「はい！」と答える卒業生の手に、力がこもった。目に涙を浮かべ、伸一の手を両手で握り締める青年もいた。

〝大学の真価は卒業生で決まる。君たちの前途には、烈風の日々もあろう。暗雲に包まれる時もあるだろう。しかし、創大生なら断じて勝て！〟

伸一は心で、そう呼びかけながら、皆を抱き締める思いで、握手を交わしていった。

卒業生のなかに入り、励ましを送る創立者の姿に、在校生も、父母も泣いた。そこには師弟の魂の触れ合いがあった。それは、永遠の誓いが刻印された、栄光への旅立ちの集いとなった。

〈その後、創価大学は年ごとに学部や学科なども拡充。85年には、社会に有為の女性リーダーの育成を目指して、創価女子短期大学も開学します。さらに２００１年５月３日には、カリフォルニア州オレンジ郡にアメリカ創価大学（ＳＵＡ）が誕生します。
創価大学は２０２１年に開学50周年を迎え、今も発展を続けています。世界66カ国・地域、２４２大学（２０２３年４月末現在）のネットワークを持ち、世界市民教育の一大教育拠点になりました。「創価大学」の章の結びには、伸一の教育に対する思いがつづられています〉

教育の道は、永遠なる開拓である。この世に不幸がある限り、教育開拓のクワを振るう手を絶対に休めてはならない。不幸の克服こそ教育の真実の目的であり、使命であるからだ。

人間の一生は、あまりにも短い。その人間が未来のためになせる最も尊い作業は、次代を創造する人を育て、人を残すことである。

山本伸一は、激動、混迷する世界の未来を見すえながら、国家や民族、イデオロギーの枠を超え、世界市民として人類益のために立ち上がる、新しき平和のリーダーをつくらねばならぬと思ってきた。また、民衆一人ひとりの幸福を願い、民衆に奉仕しゆく、人間主義のリーダーを育成しなければならぬと決意してきた。

それゆえに彼は、学校建設に踏み切ったのだ。

創大出身者がどうなるか。創価大学がどうなっていくか――それこそが自身の人生の総決算であると、彼は考えていた。

教育という大樹は、一朝一夕には育たない。長い歳月を必要とする。

伸一は、彼の〝命〟ともいうべき創大生に、限りない期待と、全幅の信頼を寄せていた。

〝私には、創大生がいる。もしも、戦い、倒れようとも、創大生がすべてを受け継ぎ、発展させていってくれる〟

そう思うと、勇気が湧いた。力があふれた。どんな試練にも耐えられた。どんな苦しみも、莞爾として乗り越えることができた。彼は、創大生の成長を祈り念じ、三十年、五十年、百年先を思い描きながら、走りに走った。

関西創価学園の設立

（第17巻「希望」の章から）

〈時代背景〉1973年4月11日、山本伸一は大阪・交野市を訪れました。関西に待望の創価の学舎として、女子の中学生・高校生を対象にした創価女子学園（現在の関西創価学園）が誕生。その入学式が行われ、伸一は1期生の入学を心から祝福しました。

ポイント

① 他人の不幸のうえに自分の幸福を築くことはしない
② よき伝統を生徒が自ら築く挑戦こそ
③ 世界に眼を向けて民衆を守る人に

「ただ今、門出したこの学園は、真新しい感光板のように、全くの白紙の状態であります。

本日から、この感光板に、皆さんは、さまざまな影を刻み、学園の映像がつくりあげら

れていくことでありましょう。

見事な映像にするか、凡俗な映像にするか、醜悪な映像にするか――それは、すべて皆さんの一挙手一投足にかかっているのであります。

それゆえに、この記念すべき日に、平常、この学園について私が考えておりましたことを、五つの提案として述べ、はなむけとさせていただきたいと思います」

彼が最初に語ったのは、よき「伝統」ということであった。

伸一は、理想を秘めた〝日常の行動〟のうえに、見事な伝統が生まれ、それが花咲き、次の世代へと伝えられていくことを訴えた。

今日、自分が何をなすかだ――その積み重ねが歴史となり、輝ける伝統となるからである。

彼は、祈るような思いで語った。

「どうか、この学園らしい、新しい、はつらつたる伝統を築いていただきたいと、私は切にお願いしたいのであります。では、この第一の項目に賛成の人は、起立してください」

伸一の呼びかけに、全生徒が立ち上がった。

座り続けているのは、生徒たちが大変であろうと考え、彼はあえて、体を動かすために起立を呼びかけたのである。

思想も愛情も、単なる言葉にではなく、こまやかな人間的な配慮のなかに表れるものだ。振る舞いのなかにこそ、信念と哲学が光る。

次いで彼は、「平和」について述べ、平和の危機という問題も、人類社会を治める人間にこそ本質があり、人の心の波動が、善悪の社会現象を生んでいくと指摘した。

そして、こう訴えたのである。

「私が、今から皆さんに望むことは、『他人の不幸のうえに自分の幸福を築くことはしない』という信条を、培っていただきたいということであります。すべてにわたって、この心をもち、実践していったならば、まれにみる麗しい平和な学園が実現するでありましょう。

地球は大きく、この学園は、その地球から見るならば、ケシ粒ほどのものであるかもしれない。しかし、原理は一つです。皆さんのささやかな実践は、そのまま人類の平和への軌道に通じ、やがて、地球をも覆う力をもつはずであると、私は確信したい。

そして、平和の戦士の卵が、この学園から陸続と育っていっていただきたいのであります」

平和といっても、日々の自分の生き方、行動のなかにこそあるのだ。

他人の不幸のうえに自分の幸福を築かない――との信条は、女性の生涯を崇高なものにすると、彼は確信していた。

伸一が三番目に訴えたのは「躾」であった。

彼は、躾のもつ、古くさい、束縛や窮屈といったイメージを払拭することから話を始めた。

そして、「生活が闊達に、円滑に楽しく回転するためには一つのリズムがあり、このリズムを体得することを、私は躾と申し上げたい」と定義づけたのである。

彼は、「躾」の意味について語っていった。

「ご承知のように『躾』という言葉は、和裁でも使われております。それは、美しく縫い上げるための予備工作として、縫い目や折り目を固定するために、あらかじめ仮に縫うことであります。

本番の人生は、取り返しのつかぬものである。そのために、若いうちから躾けられるということが、生活のリズムを体得するために必要なのであります」

そして、躾は理屈で理解させるのではなく、実際の行動を通し、慣れることによって、体自体で納得させていく教育法の一種ではないか、との考えを述べた。

躾は、本来、人生の全般にわたって必要とされているはずである。しかし、それを束縛や押しつけのように考える風潮が、社会の通念になってしまっていることを伸一は憂慮していた。有効な教育方法の一つを、軽視することになってしまうからだ。

彼は訴えた。

「皆さんは、私が未来をかけた誇りある女性であります。若き女性を陶冶する学園に学ぶ生徒として、日常、反復して訓練されるであろう、さまざまな躾を、きらわないことを私は望みます。

どうか皆さんの身に、よい躾糸がかかりますように、そして、本番の人生の縫い上げが立派で、見事でありますことを、私は心より願うものであります」

四番目に伸一が訴えたのは「教養」であった。

現代は情報の氾濫する社会である。好奇心のまま、あふれる情報にいたずらに流されていたのでは、本当の知識も、教養も身につかず、人格を輝かせていくことはできない。伸一は、そのことを心配していたのだ。

「学問の道では、一つの物事を深く追究していくことが大事になります。その時に、知識は初めて教養となり、生活の知恵としていくことができます。

また、そのことが、他の多くの知識も理解する応用力へとつながっていくでありましょう。たとえ、小さなことでもよいから、深く学ぼうと心がけて、真に教養ある、おくゆかしい女性として巣立っていかれますよう望んでやみません」

最後に、伸一が語ったのは、「青春」についてであった。

彼は、「青春時代」は長い人生のなかで、最も華やかで楽しい時代であるといったような、通り一遍の話をするつもりはなかった。女子学園生たちが行き詰まり、落胆した時に、〝そうだ!〟と勇気を鼓舞できる話をしておきたかったのである。

無内容な、ありきたりの話というのは、皆の貴重な時間を奪う罪悪といってよい。

伸一は、青春とは何かについての、自らの洞察を語っていった。

「私は、青春時代というのは、無限の可能性を前にして、非常に不安定で落ち着きがなく、鋭敏な神経が常に働いているというのが実情であろうと思う。

未来の夢が、大きければ大きいほど、心労も大きい。しかし、若い皆さんは傷つきやすく、弱いように見えますが、決して、そんなものではない。どんな困難をも乗り越えていける活力、生命力をたたえているのが青春です。どうか、そのことに自信をもっていただきたいのであります。

感情の振幅の激しさから、時に絶望に陥ることもあるかもしれない。しかし、皆さんの生命の底には、それを跳ね飛ばして克服するだけの力がある。これが、青春というものの本体であると私は叫びたい。これが、青春の特権です」

伸一は、いつの間にか叫ぶような、祈るような思いで訴えていた。

「人が老いて青春を懐かしむのは、まさに、この青春の活力を懐古しているということを知っていただきたい。ゆえに、苦悩や困難を決して避けるようなことをしてはならない。堂々と、それに挑戦し、立派に克服する皆さんであってください。

ともかく、青春は無限の歓喜とともに、また、必ず心労がある。悩みがある。これは表裏一体であることを忘れてはならない。

それを知って戦っていくところに、輝かしい青春時代があります」

「伝統」「平和」「躾」「教養」「青春」――伸一が魂を注ぐ思いで訴えたこの五項目は、創価の女性教育の永遠の指針となっていったのである。

生徒たちは、瞳を輝かせながら、創立者の話に、真剣に耳を傾けていた。

伸一は、最後に、強く呼びかけた。

「さっそうたる創価女子中学・高等学校の第一期生の皆さん、どうか本日を、モットーに

定めた『良識』と『健康』と『希望』という、生涯にわたり輝ける生命の財宝を築く第一歩の門出としていってください。心から皆さんの栄光をお祈り申し上げます」

誓いの拍手が沸き起こり、いつまでも鳴りやまなかった。

ある人は、「他人の不幸のうえに自分の幸福を築くことはしない」との言葉を座右の銘にしようと決めた。ある人は、徹底して勉強しようと心に誓った。また、ある人は困難を決して避けまいと、自分に言い聞かせた。

そして、皆が感激のなか、この学園で人生の確たる土台を築こうと、決意したのである。

「諸君の精神は活躍するのに今がいちばん好都合な時期にある」*とは、シラーが青年に送った言葉である。

〈伸一は多忙な行事の合間を縫っては学園を訪れ、生徒たちと対話し、励ましを重ねました。学園生と共に卓球やテニスに興じ、ある時は校長と共に校門に立ち、登校してきた生徒たちを迎え、また、寮にも足を運び、生徒たちの声に耳を傾け、21世紀の「希望」である友を温かく育んでいきます。生徒たちは、彼の心に応えようと、通学途中に行き交う人々へのあいさつの励行や、最寄りの駅に花瓶と花を贈るなど、よき伝統をつくるために努力を重ね、地域に信頼と共感を広げていったのです。そして迎えた1976年、創価女子高校の第1回卒業式で、伸一は語りました〉

伸一は卒業生の目覚ましい成長に感動しながら、演台に向かった。

彼は、第一回となる卒業式を心から祝福したあと、教職員、来賓、地元関係者らに、丁重に御礼の言葉を述べた。

次いで、この卒業式をもって、創価女子学園の歴史・伝統の基盤ができあがったとして、

*「世界史とは何か、また何のためにこれを学ぶか」(新関良三訳)、『世界文学大系18』(筑摩書房)所収。

こう訴えた。

「この基盤を踏まえ、これからますます力強き伝統、光り輝く校風を建設され、『わが国の教育界に創価女子学園あり』と、万人から認められる、発展、繁栄をされますよう心から祈ってやみません」

そして、友情の大切さに言及していった。

「互いに生涯の友として、美しき信義を貫き通していただきたい。信ずるということ、信頼するということ——これこそが、人間にとって大いなる力である。私は、この言葉を、卒業へのはなむけとして、お贈りしたい」

また、「人には、得手、不得手があるが、苦手な部分に負けることなく、得意な部分を存分に伸ばしていくことが大事である。それが、実社会での優等生への道である」と強調した。

さらに、何があっても卑屈にならず、自分らしく、雄々しく開拓に進むことの大切さを語ったのである。

伸一の話は短かった。長い講演をするのではなく、父が旅立つ娘に語るように、簡潔に真心のアドバイスをしたかったのである。

卒業式の最後は、生徒が、この日のためにつくった「惜別の歌」の合唱であった。

〽れんげ花咲く交野路の
　春の陽光に浮かぶ学舎……

多くの卒業生が顔を上げ、彼方を仰ぐように歌っていた。明日からは離れ離れになると思うと、皆、涙が込み上げてきてならなかった。それを必死にこらえていたのだ。

伸一は、心で語りかけていた。

〝ありがとう。あえて私のつくった学園に学んでくれて。

私たちは、生涯、同じ心で進もう。二十一世紀を頼むよ〟

卒業式のあと、山本伸一は、彼が一期生の入学式で贈った、「伝統・平和・躾・教養・青春」の五項目の指針を刻んだ碑の除幕式に臨んだ。さらに、卒業生の父母の真心で完成した「蛍の池」のオープニング式典や謝恩会にも出席した。

彼は、卒業生たちに、何度も声をかけた。

「何かあったら、会いにいらっしゃい。いつまでも一緒だよ」

それは、卒業生の大きな希望となった。

〈開校から9年後の1982年、創価女子学園は転機を迎えます。男子生徒も受け入れることになり、名称も関西創価中学校・高等学校となりました。男子校であった東京の創価中学校・高等学校も女子生徒を受け入れ、創価学園は東西両校ともに男女共学へと移行します〉

女子学園時代から、伸一が一貫して訴え、努力してきたのは、生徒たちが世界に眼を向けることであった。

日本という島国のなかだけで物事を見ていたのでは、どうしても偏頗な価値観に陥ってしまう。

伸一は、青春時代に、その殻を打ち破る契機を与えたいと思った。

後年、生徒たちと一緒に作成した新しい校歌「栄光の旗」にも、「世界を結べや　朗らかに」との一節を贈っている。

また、彼は、関西校にも、東京校や創価大学と同様に、世界の各国各界のリーダーを、積極的に招くようにしてきた。

学園生が世界一流の指導者の知性と人格に触れるなかで、人間の正義と不屈の信念とを学んでほしかったのである。

また、世界のリーダーたちに次代の世界を担う使命に燃える生徒たちに会ってもらい、創価の人間教育の姿を見てほしいとの強い思いもあった。

「ごく若いときから、気高い人物に会うことのできたものは、しあわせである」*とは、ドイツの詩人ヘルダーリンの至言である。

関西学園には、現在までに、ゴルバチョフ元ソ連大統領、モスクワ大学のログノフ前総長、ヨーロッパ科学芸術アカデミーのウンガー会長、キューバのハルト文化大臣、フィリピン大学のアブエバ総長、韓国・済州大学の趙文富総長等々、来校者の数は五十一カ国・地域、千五百人以上に及んでいる。

平和のために挺身してきた識者たちは、人類の幸福の実現をわが使命とする生徒たちに、一様に讃辞を惜しまなかった。

たとえば、ブラジルのロンドリーナ大学のプパト総長は、こう賞讃している。

＊「ヒュペーリオン」（手塚富雄訳）、『ヘルダーリン全集３』（河出書房新社）所収。

「若い生徒たちが、世界平和を考えている姿に感動しました。未来のため、平和のために、共に戦ってくれる方々なのだと感じました」

〈関西創価学園の卒業生は、教育者、医師、看護師、弁護士、公認会計士、議員などとして社会に貢献していきます。その活躍の舞台は日本のみならず、世界五大州に及んでいます。伸一が何よりも嬉しかったこと――それは学園出身者が、民衆を守り、民衆に奉仕する精神を堅持し抜いていることでした〉

人間は等しく幸福になる権利をもっている。それを実現するための価値創造の教育、人間主義の教育が創価教育である。ゆえに、一人ひとりが、その実現に生涯を傾けていってこそ、創価教育の結実がある。

したがって学園出身者は、「平和をいかに創造するか」「人間のための社会をどう実現するか」といった、人類の不幸をなくすための闘争を永遠にとどめてはならない。

不幸を見過ごすな！　民衆を守れ！　人間を守れ！　平和を守れ！

それこそが山本伸一の学園生への遺言であり、魂の叫びなのだ。

そして、その実践のなかに、創立者との〝師弟共戦〟の希望の道がある。

「君も王者と　栄光の旗　君も勝利と　栄光の旗」

伸一が学園生と共に作った校歌の結びである。

未来部歌「正義の走者」の誕生

（第28巻「広宣譜」の章から）

〈時代背景〉宗門の悪侶たちによる理不尽な学会攻撃が激しさを増していた1978年、山本伸一は苦闘する同志を励まし、勇気を鼓舞するため、各部や各方面・県の歌を作り、次々と贈っていきました。7月23日、岡山文化会館にいた伸一は、高等部歌の作詞に取りかかります。

ポイント

① 未来部員は全員が大切な後継者
② 常に「地涌の使命」を忘れない
③ 青春の誓いを貫く「正義の人」に

〝高等部員は、全員が創価の大切な後継者である！　私の最高の宝ともいうべき愛弟子である！　二十一世紀の広宣流布のバトンを託す正義の走者である！〟

彼の高等部員への万感の思いは、瞬く間に歌詞となってあふれ出た。そして、その言葉を、練りに練り上げていった。

一、我れ今あとを　継がんとて
　心凜々しく　時待たん
　この身の彼方は　新世紀
　躍る舞台と　今強く
　学べ尽くさん　正義の道をば

一番ができた。彼は、後継の若き勇者の、前途に思いを馳せた。その道には、山もあれば、谷もあろう。雨も、風も、嵐も、猛暑の夏も、吹雪の冬もあろう――それが、広宣流布の誓願に生き抜く使命の人の人生なのだ。

伸一の脳裏に、太宰治の、あの名著『走れメロス』が浮かんだ。

――暴虐な王に激怒した青年メロスは、王城に乗り込むが、捕縛されてしまう。王の心は、人間への不信に覆われていた。王は、彼を磔にすると言う。メロスは、たった一人の

身内である妹の挙式を済ませて、帰って来るまでの猶予がほしいと、王に頼む。彼は、王に、無二の友人セリヌンティウスを身代わりとして預け、三日目の日没までには戻ることを約束する。もし、戻らなければ、代わりに親友の命が奪われる。しかし、自分は、自由の身となるのだ。

メロスは、その夜、妹の住む故郷の村へ、一睡もせずに走った。急いで結婚式を挙げさせると、今度は、王城をめざして走った。濁流となった川を泳ぎ切り、襲ってきた山賊を打ち破るが、疲労困憊し、地に体を投げ出す。正義、信実、愛を証明しようと、死ぬために走ることが、くだらなく感じられる。

正義の道は、自身の心との戦いの道である。

メロスは負けなかった。肉体の疲労の回復とともに、信頼に報いようとの心が蘇る。彼は走る。友のため、信実と愛のために。口から血を吐きながらも走る。

残光が消え、親友セリヌンティウスが命を奪われようとした刹那、メロスは刑場に走り込む。縄を解かれた友に向かって彼は叫ぶ。

「私を殴れ」――途中で一度、友を見捨てようとの思いをいだいたことを告げる。

セリヌンティウスは、メロスを力いっぱい殴打すると、「メロス、私を殴れ」と言い、一度だけ疑いの心をもったことを明かす。メロスも彼を殴打し、二人は、抱き合う。

その光景を見ていた王は言う。

「おまえらは、わしの心に勝ったのだ。信実とは、決して空虚な妄想ではなかった。どうか、わしも仲間に入れてくれまいか」

「猜疑」に「信実」が勝ったのである。

伸一は、一九七一年（昭和四十六年）秋、『走れメロス』を題材にした詩「メロスの真実」を書いた。偽りと惑わしに充ちた人の世を、最も高尚にして美しく、潔癖な、確かなる希有の実在に転換したメロスの強い真実は、何処にあったのかを詠んだものだ。

それは、「汝自身の胸中の制覇にあったのだ」と、伸一は結論した。そして、転向者には「一歩淋しく後退した時　さらに己れを後退させる　あの自己正当化の論理がある」と指摘し、「友を捨てた安逸には　悔恨の痛苦が　終生離れぬだろう」と記す。

詩は、こう結ばれている。

「私は銘記したい　真の雄大な勇気の走破のみが　猜疑と策略の妄執を砕き　人間真実の究竟の開花をもたらすにちがいない　と」

伸一は、今、新高等部歌を作るにあたり、〝高等部員は、世界の平和と人びとの幸福の実

現をわが使命と自覚し、人間の信義を、生涯貫くメロスであってほしい〃と思った。

〝人生のあらゆる誘惑に惑わされるな！　己の怠惰に負けるな！　見事に、自ら定めた誓いの道、使命の道を走り抜いてほしい〃

彼は、心で祈りつつ、作詞を続けた。

二、君も負けるな　いつの日か
　共々誓いし　この道を
　嵐も吹雪も　いざや征け
　これぞメロスの　誉れなり
　ああ万感の　時待たんと

友との広宣流布の誓い――それは、自

分自身に誓うことでもあり、わが使命に一人立つことから始まる。仮に、友が道半ばに倒れたり、誓いを捨て去ったりすることがあったとしても、自分は、ひとたび決めた信念の道を走り通していくことだ。

たとえば、メロスは、もしも、セリヌンティウスが自分に不信をいだき、刑場で恨み言を発し続けていたとしても、彼を救うために走り続けたはずだ。セリヌンティウスも、メロスが戻るのをやめて逃げ出したとしても、〝きっとメロスは、王にどこかで殺された〟と考え、友に喝采を送ったにちがいない。

相手が信義を守るから自分も守るというのではない。自らの信念としての行動である。作者の太宰治は、メロスは「わけのわからぬ大きな力にひきずられて走った」と記している。〝大きな力〟とは、人間の普遍の信実であり、不変の正義といえよう。友との誓いを契機として、決然と一人立ち、わが信念に生き抜く。互いにそうした時に、最も美しい友情のドラマが花開くのである。

伸一は、引き続き三番の作詞に入った。最後の言葉は既に決まっていた。それは、「ああ柱たれ　我等の時代の」である。皆が自分の世代の広宣流布に責任をもち、信頼の柱となり、友情を広げていくなかに、仏法の人間主義の着実な広がりがある。

三番では、〝常に、地涌の使命を忘れないでくれたまえ〟との、魂の叫びを歌にした。

三、この世の誇りと　使命をば
　紅燃ゆる　君もまた
　七つの鐘の　走者なり
　花の輪広げん　走者なり
　ああ柱たれ　我等の時代の

伸一は、浴衣に着替え、新高等部歌の歌詞を書いた紙を持って、岡山文化会館の屋上へ向かった。岡山未来会の第一期生と、会うことになっていたのである。

屋上に出た伸一は、高等部長の奥田義雄と、女子高等部長の大崎美代子に言った。

「できたよ！　新しい高等部歌の歌詞を作ったよ。今、完成したばかりだ」

そして、歌詞が書かれた紙を手渡した。

「ありがとうございます！」

二人の顔が輝き、満面に笑みが浮かんだ。

空は、美しい夕焼けに包まれていた。

未来会のメンバーは、用意してあった縁台や椅子などに、伸一を囲むように座った。

彼は、一人ひとりを見すえながら語り始めた。厳しい口調であった。

「皆さんは、未来会として広布後継の誓いを固めて集われた。学会の未来は、皆さんの双肩にかかっています。だから、あえて厳しく言っておきます。

生涯、誓いを破ってはいけない。甘えてはいけない。艱難を自ら求め、乗り越えていく『正義の人』になれ――これを守れる人は？」

皆が手を挙げた。

「ありがとう。私は、君たちを信じます。そして、これから、どのように成長していくのか、見続けていきます。次の学会を頼むよ！　君たちは私の宝だ」

空は刻々と表情を変え、紫紺に染まり、宵の明星が瞬き始めた。鳳雛たちの瞳は決意に燃え、頬は紅潮していた。

〈伸一の激励の舞台はその後、岡山から香川へ移り、新高等部歌に曲がつけられます。「正義の走者」として「聖教新聞」紙上に発表されたのは、8月1日のことでした。そして8

月3日の午後、東京・立川文化会館で第11回高等部総会が行われます。伸一はこの日、午後2時から信濃町の聖教新聞社で来賓を迎える予定がありました。総会への出席は難しかったのですが、「ひと目でも会って、新出発を祝福しよう」と開会前に会場を訪れ、スピーチしたのです〉

彼は、仏法こそ、世界平和への根本の力であり、時代は仏法を渇望していることを述べたあと、仏法者の使命に言及していった。

「仏法は、無限の可能性を開く法理です。したがって、その仏法を持った諸君には、行き詰まりも、絶望もない。社会の前途に暗雲が垂れ込め、希望なき時代が訪れたとしても、自らの力で希望をつくり、その希望を人びとにも与えきっていける勇者に育っていってください。そのために諸君がいるんです。

真に偉大なる人間とは、ひとたび決めた信念を、生涯貫いていける人のことです。人間の真価は、苦難に直面した時にわかるともいえます。その時に、決して微動だにすることなく、広宣流布の大道を、世界平和の大道を、民衆の幸福の大道を、誇らかに走り抜いてください。諸君の躍り出る本舞台は二十一世紀です。その来るべき新世紀を、断固として凱歌の世紀にしてほしいんです。〝妙法のメロス〟たる王子・王女の皆さんに、私は未来を確かに託しました！」

立川文化会館を後にする伸一の耳に、高等部員たちの誓いの歌声が響いた。

〽我れ今あとを　継がんとて……＊

彼は、微笑みを浮かべ、大きく頷いた。

〝頼むよ！　頼むよ！　私は嬉しい。君たちのために全力で道を開くよ。戦い抜くよ〟

立派な後継者を育てた人が勝利者である。後継の人こそが、いかなる財宝にも勝る創価の至宝である。

＊2010年、池田先生は、未来にわたって歌っていくため、一番の「この身の彼方は　新世紀」の歌詞を「この身の彼方は　新時代」、三番の「紅　燃ゆる　君もまた　七つの鐘の　走者なり」の歌詞を「情熱　燃ゆる　君もまた　勝利の旗の　走者なり」とした。これによって「未来部歌」として歌われていくことになった。

第3章

聖教連載「Switch(スイッチ)——共育(きょういく)のまなざし」から

聖教新聞2021年2月6日付から2022年8月15日付の間に掲載された「Switch(スイッチ)——共育(きょういく)のまなざし」〈池田先生の励(はげ)ましの言葉から〉の中で反響が多く寄せられた内容を、テーマ別に紹介します。

※池田先生の了解を得て、掲載時から一部、加筆・編集をしました。

「不登校」と向き合う友へ（2021年2月6日付）

池田先生が創価学会のリーダーたちと子育てについて語り合ったてい談「21世紀への母と子を語る」から、お子さんの不登校について悩む親御さんたちに贈った励ましの言葉を抜粋して掲載します。

必ず意味がある

〈わが子が突然、「学校に行きたくない」と言いだした――不登校という現実に直面して、悩んでいる親御さんは少なくありません。元気に登校するほかの子たちを見ていると、「このままでは落ちこぼれてしまうのではないか……」と心配する声もあります。池田先生は語りました〉

不登校の原因は、さまざまでしょう。しかし、〝「不登校」は子育ての失敗〟などと、親が落ちこんでしまうことはありません。一見、学校に行かなくなったことは、〝遠まわり〟のように思えるかもしれません。しかし、人生に起こることで意味のないことなどいっさいないのです。

つい先日も、「不登校」で悩んでいる方を激励したさい、私はこう励ましました。「心配する必要はない。何より、お子さんのことを、しっかり祈ってあげることです。あなたが真剣に頑張っていれば、大丈夫です。いつも、いい方向へと考えていくのです」――と。

今は、子どもにとって、本当につらいことが多い社会になってきています。つねにいい子でいることが望まれ、失敗することが許されない――そんな「管理社会」「競争社会」が、子どもの世界にも浸透している。そのなかで、ともすれば学校も楽しい場所どころか、たえず他の子と比較され、緊張を強いられる場になっている面もあります。

「不登校」は、いわば〝氷山の一角〟でしょう。学校に通うのがつらいと感じている子どもは、想像以上に多いのではないだろうか。私たち大人は、何か学校に行くことを当たり前のように思っていますが、そもそも「学校に行く」ということ自体、子どもにとってたいへんなエネルギーを要するものなのです。

親があせらない

子どもの心は、多感でデリケートです。学校や家庭でのちょっとした出来事で、ストレスを感じてしまう。疲れることもあるでしょう。

勉強や友だち関係の悩みなど、学校という集団生活のなかでの出来事を、〝重圧〟に感じる子がふえてきている。かつて問題行動の一つと見られがちだった「不登校」も、今では、「どの子にも起こりうるもの」と受けとめられるようになってきている。何も恥じたりすることはないのです。

親がいたずらにあせったり、言うことをきかないからと突き放してしまえば、ただでさえ苦しんでいる子どもは、ますます居場所を失ってしまいます。

〈戸惑いや世間体から、〝つい子どもを責めてしまう〟という親御さんも多いようです。池田先生はそんな声にこう応えます〉

その気持ちはよく分かりますが、〝なぜ、こうなってしまったか〟と思い悩んでいるのは親だけではない。当のお子さんにとっても、心に重くのしかかっているのです。

じっさい、「不登校」というのは、家庭や学校でのほんの些細なことがきっかけとなっている。親から見れば、たいした問題には思えなくても、それで自信を失ったり、思いつめたりして、学校が嫌いになったり、行けなくなってしまう場合が多いのです。

かつて「不登校」だった、あるお子さんは当時を振り返って、こう語っています。

「親に心配をかけていることも、友だちや学校の先生の善意も分かっているのに、それに応えることができない。そんな自分が嫌になり、責め、負い目を感じていた。将来も絶望的に見てしまい、自分は人生の落伍者だ、と閉じこもるようになっていた」と。

何に胸を痛めているか

〈わが子が不登校になると、親も〝どうして!?〟と気が動転してしまい、そうした子どもの心の葛藤を、理解してあげる余裕がなくなってしまうのかもしれません〉

すぐにどうしようと解決を急ぐよりも、まず落ち着いて、子どもの心をしっかりと受けとめ、信じてあげることが重要です。一言で「不登校」といっても、子どもの状況は、それぞれ異なっている。〃こうすれば、大丈夫〃というような万能の策などはないでしょう。大切なのは、そのお子さんが何に苦しみ、何に胸を痛めているかを、慎重にくみとってあげることです。そして、お子さんが安心できる場所を築いてあげることです。

そんな時、子どもは、親が自分のほうを向いてくれることを何よりも望んでいるのです。傷ついた心をゆっくり癒しながら、あたたかくつつみこんでいく。強く生きる力を回復させてあげる――それが、親の役割でしょう。

今一度、子どもの心を見つめ直し、親子の絆をしっかり深め、ともに大きく成長していくチャンスにしていけばよいのです。

〃綿〃になってつつみこむ

〈家族の〃ピンチ〃を〃チャンス〃に――この視点の転換が重要でしょう。親子を支える周囲の人々にも、温かなまなざしが求められます。いずれにしても池田先生は、〃親自身が変わること〃の大切さを、恩師・戸田城聖先生の思い出を通して語ります〉

忘れもしない、昭和26年（1951年）5月3日――。苦闘の日々を突きぬけて、戸田先生が待望の第2代会長に就任された時のことです。

最後に先生は学会歌の指揮に立たれたのですが、その時の勢いで、卓上の水差しとコップがふれて、どちらも壊れてしまった。先生はその時、当意即妙にこうおっしゃったのです。

「水差しは〝コップがふれたから割れた〟と言い、コップは〝水差しがぶつかったのだから割れたのだ〟と言うかもしれない。しかし、両方に壊れる素質があったから、壊れたのです。

これが、綿とガラスだったらどうだ？　決して壊れはしまい。信心も同じです。

他人が悪いから不幸になったと思っているが、そうではない。自分が綿になれば、決してだれからも壊されはしないだろう。

他人ではない。自分の宿命を変えていく以外に道はないのだ」――と。

目の前に起こった一つの出来事を生かして、仏法の深さ、人生の哲理を、分かりやすく自在に教えてくださったのです。

子育ても同じです。環境ではない。

同じ縁にふれても、惑わされず、振りまわされない「強さ」を、まず親がもっていくことが根本です。〝綿〟になって、ふんわりと子どもをつつみこんであげるのです。それが、本当の「強さ」でしょう。

一時期、子どもが揺れ動いたとしても心配ない。親が子をどこまでも信じぬき、その「強さ」を忍耐強く養ってあげれば、何があろうと最後には、勝てる。一緒に大きく人生を開いていけるのです。

不登校という「山」を親子で共に（2021年4月10日付）

池田先生がかつて創価の教育者や女性リーダーたちと「不登校」を巡って語り合った内容から、励ましの言葉を抜粋して掲載します。

「共戦」の決意を

〈わが子が不登校になった時、どうすればいいのか——そんな母親たちの声に、池田先生は答えます〉

やはり、一つ言えることは、「焦らないで、長い目で見ていこう」ということです。これが、大切な根本の姿勢だと思います。子どもによって、それぞれ原因や背景が違う。育てられ方も、気質とか素質、習慣も学校の状況も異なる。「こうすればいい」という一律の方法は、ありえないと言っていい。
だからこそ、親がじっくりと構えて、我が子をよく見ていくのです。〝学校に行けない、行きたいのに体がいうことをきいてくれない〟という我が子の「叫び」に応えていけるのは、何といっても、お母さんです。お母さんも我慢の時です。耐える時です。長期戦の覚悟で、我が子と「共戦」の決意をしてください。
その信念が大切です。その上で、「1年や2年、遅れてもいいではないか」というくらいの楽観主義で、大らかに進んでいただきたい。

〈それは、父親にも通じる点でしょう。特に「学校に行くのが当たり前だった」時代を過ごし、「競争社会」を生きてきた大人にとっては〝不登校の捉え方〟の転換が必要です。池田先生は語りました〉

時代はどんどん変化しているのです。「競争社会」から「実力社会」へ、そして21世紀には、必ず「人道社会」へと動き始めることでしょう。これは、牧口先生が大著『人生地理学』に記された卓見です。人道的な行動が、価値を持つ時代です。子どもに対しても、社会全体が、人道的にやさしく包み込むことが必要でしょう。「不登校の体験が人生の大きな宝になった」「家族の絆が強くなった」「学ぶことの本当の意味が分かった」という多くの体験も聞いています。

不登校になったからといって、子どもを責めたり、自分の子育てが悪かったと嘆いても問題解決にはならない。貴重な体験をしていると思ってください。

人生に意味のないことなど何もないのですから。

気球に例えるなら

〈不登校はどんな人にも起こりうるものです。「決して、恥じたり、臆することはありません」と池田先生は語ります〉

今の社会は、「否定する」「序列をつける」ことなど、「自信」を失わせる方向にばかり力が働いています。その結果、少なからぬ子どもたちが、「自分はダメな人間だ」と思い込まされている。

ある不登校の娘さんがいました。お母さんは、ふとしたことから、机の上の娘さんのノートを目にしたのです。そこには、「こんなつらいめにあうんだったら、なんで産んだんだ！……お母さんなんてキライ。皆キライ。後は死ぬだけ」と。

学校に行けないことを認めない社会が、子どもたちを追い詰めている。

自分は「なぜ、生まれたのか」「なぜ、学校に行かなければいけないのか」。成績のためでもない。お金もうけのためでもない。いい大学に行ったり、いい会社に入ることが、どれだけ意味があるのか。学校も親も、この「なぜ」に答えてくれない。

〈それが、子どもたちの心に「不安」や「怒り」、そして「不信感」を募らせているのかもしれません。そればかりか、一方的に大人の期待を背負わされている……池田先生は言葉を継ぎました〉

「気球」を例にとれば、嵐や大雨などの圧力をうけると、「気球」は「グニャ」と押しつぶされて、フラフラと落下して壊れてしまうでしょう。子どもたちが、ストレスによって学校に行けなくなるのも、まさに同じような状態です。しかし、地上にしっかりした「基

大空へ舞い上がる熱気球

地」があれば、傷んだところを修理することもできるし、ガスを補給することもできる。

やりなおせばいい

〈子どもたちにとっての「安心の基地」——それこそ家庭にほかなりません〉

そう、親子の「信頼関係の絆」こそが、子どもたちに「生命のエネルギー」を注ぎ込むパイプなのです。家族の信頼に包まれて、子どもたちは、傷ついた「心」を癒し、失った「自信」を回復していきます。〝何のため〟という目的観も確立してくるはずです。

反対に、その信頼のパイプが詰まっていたり、途中で切れて、つながっていなかったら、子どもたちは、エネルギーを失って、学校どころではなくなってしまうでしょう。
親と子の間に「信頼」と「安心」のパイプがつながった時、ちょうど、気球にガスが注ぎ込まれるように、子どもの心はどんどんふくらんでいきます。そして、いっぱいになると、自然にフワリと大空に上がっていきます。
子どもたちには、もともと上昇していく力があるのです。本来、持っているのです。〝よい子〟だとか〝悪い子〟だとか決めつけるのでなく、「あなたは、あなたのままでいい」「ありのままでいい」と、子どもたちの存在そのものを認めてあげることです。それでいいのです。

〈不登校は決して子育ての「敗北」ではありません。子育てに「手遅れ」もありません。もし愛情や信頼が足りなかったと親が気づいたなら、そこから「やりなおせば」いい――先生は語りました〉

私も青春時代、病弱で苦しい思いをしました。結核が悪化し、十代の後半は、まさに、寝汗と咳の連続。しかし、戦時中の世の中の雰囲気は、青年が家で休んでいたりすれば、それだけで「気合いが入っていない」といった感じで見られた（笑）。

それでも、体が弱かった分、一日を大切に懸命に生きた。また、「人生とは」「生命とは」といった大事な問題に、考えをめぐらせることができたのです。

失敗から、学べばいいのです。偉大な発明も、すべて、何千何百という失敗から生まれたのですからね。

敗北者とは、失敗をした人ではなく、失敗を恐れて、何も挑戦できない人のことをいうのです。

失敗を認めない、「やりなおし」を認めないような社会が、実は不登校を生んでいる。根本は、そこから変えていかなければいけないのです。

一歩一歩、進めば

〈親がわが子の可能性を信じ抜いて笑顔でいる限り、家庭は安心の居場所になります。親の変化や成長は、必ず子どもの心にも伝わっていきます〉

そうです。不登校をきっかけに、「家族の信頼の絆が強まった」となればいいのです。不登校という「山」を、ともに登っていってください。その過程が大事なのです。「もっとすばらしい人間」になるためのチャンスと、とらえるのです。

〈「学校に通うこと」自体が目的ではありません。「学ぶこと」が目的であり、自分も他人も幸せにできるための力をつけることこそ、教育の本来の目的でしょう。池田先生は呼び掛けました〉

学びは一生です。人間は、死ぬまで学び続けるのです。ゆえに一歩一歩でいい。どうしても学校に行けなければ、家で一歩一歩、進むのです。一歩一歩、進めば、悩みの向こうから、必ず何かが見えてきます。お母さんも、そしてお父さんも、家族の皆が、お子さんといっしょに進んでください。

歩みを止めなければ、必ず勝利の日が来るのですから。

宿命と戦う父母に「信じ抜く力」を

（2021年5月7日付）

子育てに苦労はつきもの――頭では分かっていても、思いもよらぬ困難に直面し、心が折れそうになった経験のある人は少なくないはず。「21世紀への母と子を語る」から、宿命の嵐と戦う家族に向けて池田先生が贈った励ましの言葉を紹介します。

根本の心とは？

〈「子育てに奮闘するお母さんたちと話していると、よく聞く言葉があります」と、ある女性リーダーが言いました。それは「毎日が〝戦争〟のようです」と――池田先生はそうした思いを受け止め、語りました〉

実感のこもった言葉だね。とくに子どもが小さいうちは、母親には少しも気が安まる時間がないからね。

子どもが、すくすくと、健康に、順調に育っていけばいいが、なかなかそうはいかないものです。子どもの病気、家族の病気、経済的な問題、そして死……。人生の荒波は容赦なく襲ってくる。「なぜ、自分だけが、こんなに苦しまなければならないのか」――放りだしたくなる時もあるにちがいない。

次元は違うが、私も、創価学会の会長として、全責任を担ってからは、一瞬たりとも心の安まる日などありませんでした。戸田先生が「戸田の命よりも大切」と言われた創価学会です。「学会員を皆、幸福にせずにおくものか！」「不幸な人を、一人でも多く救うのだ！」。私には、これしかなかった。

「今も、どこかで、宿命と戦い、けなげに広布を切り開いている学会員がいる」――そう思うたび、力を奮い起こして、前進してきた。嵐のような迫害もありました。いや、嵐の連続だったと言ってよい。それは、前進してきた証拠なのです。私は、戸田先生の遺志をすべて実現し、同志の皆さんとともに、世界的な創価学会を築きあげた。あとは青年です。

子育てといっても、「この子を絶対に幸福にしてみせる！」「私たちの未来を託すのだ！」という心が根本ではないだろうか。

闘病中の家族へ

〈語らいは「子どもの闘病」を巡って。わが子の病は親にとって最もつらい出来事の一つでしょう。しかもそれが命にかかわるような病気だった場合の苦しみは計り知れません〉

子どもの苦しみは、そのまま親の苦しみです。親にとっては、自分が病気になる以上に、つらいことかもしれない。

限りない未来をもった子どもが、病気になる——これほどの悲しみはないでしょう。「どうして、この子が!?」と、信じられない。信じたくない。そんな葛藤も起こってくる。

私のもとには、毎日、全国、全世界から、多くの便りが寄せられてきます。なかには、お子さんの病気と必死に闘っておられる親御さんからのお手紙もある。そうした便りにふれるたびに、私は、全快を祈り、ご家族が苦難に負けずに進んでいかれるよう、できるかぎりの励ましを送っています。

なんといっても、いちばん苦しんでいるのは、病気を患った本人です。どんなに幼い命でも、「生きよう。生きよう」と瞬時も休まず闘っている。それが生命の本然の力なのです。ならば、周りの家族が、苦悩に押しつぶされてはいけない。「希望を捨てない」こと、「家族が力強く生きる」ことです。

絶望に沈むこともあるでしょう。無理もないことです。しかし、負けてはいけない。頭を上げ、「勇気」を奮い起こして、前へ前へ進んでほしい。その思いをこめて、私は、皆さまに届けと、毎日毎日、真剣に祈っています。

使命に生きてこそ

〈女性リーダーが池田先生に尋ねました。「何人ものお子さんをかかえているお母さんの場合、家族が重い病気を患ったがために、どうしてもほかの子どもに手をかけられずに悩んでいる方もいますが……」と〉

大丈夫です。もちろん、一時的に影響が出ることもあるでしょう。しかし、長い目で見れば、そのおかげで、より強い子に育つこともある。「私はこの子を愛している！」と、心底から言えるのが、お母さんです。母の愛は、それほど大きいのです。自信をもってください。

祈ることです。愛情をそそげる時に、精いっぱい抱きしめ、かかわってあげるのです。精神的にも、肉体的にもつらいことがあるでしょうが、そうして築かれた親子の絆は、より強く、より深くなっていくと私は思う。逆に、なんの困難も、苦労もない家庭より、家族が団結し、心が一つになる場合のほうが多いのではないだろうか。

私自身、二男を亡くしています。病気の子をもつ親、お子さんを亡くした親の苦しみ、悲しみは、よく分かります。だからこそ、強く生きぬいていってほしいのです。

創価学会の女性部のお母さん方が、立ち上がられたのも、「困っている人のため、苦しんでいる子どもたちのために生きよう」と決意したからです。崇高な菩薩の生き方です。大いなる「使命」に生きぬいてこそ、人間は悲しみを乗り越えることができる。より広く、深い境涯を開いていけるのです。

牧口先生も、戸田先生も、お子さんを亡くされている。

戸田先生は、言われていた。「私は妻も亡くした。娘も亡くした。そして人生の苦労を、とことんなめつくした。だから会長になったのだ」

含蓄深い言葉です。

ひとり親だとしても

〈続いて話題は「何らかの事情で、父親もしくは母親だけで子育てをしている場合」について。心掛けるべき点は何か。池田先生は語ります〉

その家族の置かれている状況によって、いちがいには言えないでしょう。ただ、子どもが劣等感をもたないようにすることが重要ではないだろうか。すべて、両親がそろっているのと同じにする必要はありません。

「こんな時に父親がいてくれれば」「母親がいたら」と思うこともあるかもしれない。しかし、両親がそろっていても、過保護であれば、自立できない甘えん坊が育ってしまうことがある。逆に、若くして親を亡くしても、立派に成長している人はたくさんいる。

子どもを育てる人が真剣に祈り、真剣に子どもを愛し、必死に生きぬけば、愛情は必ず子どもに伝わります。恵まれた環境の子よりも、たくましく強い子どもに育つこともある。牧口先生は、幼いうちに両親と離別しています。しかし、苦労に苦労を重ねて、あれほどの偉大な人生を築かれた。釈尊もまた、生まれてすぐに、母親を亡くしている。〝親がいなくても、人間は偉大になれる〟と身をもって示したのです。

ふつうは〝マイナス〟になると思われていることも、「強い心」があるなら――私どもで言えば「信心」があるなら、〝プラス〟に変えていけるのです。要は、何ものにも負けない「強い心」を育むことが根本です。

この子が私を仏にする

〈病気に限らず、わが子が突然非行に走ったり、不登校になったりすることも、親にとっては、天地がひっくり返るほどショックなことでしょう。そんな時、大人の都合で表面的な解決ばかりを焦ると、かえって問題をややこしくしてしまいかねません。大事なことは「子どもの幸福」です。子どもを変えようとするよりも、大人自身が成長することです。求

めら れているのは「子どもを信じ抜く力」にほかなりません〉

「信ずる力」——仏法でも、「信力」「行力」と言うね。戸田先生は、ある時、「長男が不良で、家に帰ってこない」という悩みに答えて、こう語ったことがある。

「仏法上の根本問題は、そういう子どもを産んだ両親の宿命です。その子をじっと見た時、『この子を立派にしなければいけない。この子こそ私を仏にするのか』と拝むようになる心境こそ大切です」

親子の縁は不思議です。三世の生命観から見れば、どれほどの深い絆で結ばれていることか。その子どもが、自分に、そしてまた家族に、最高の生き方へと進むきっかけを与えてくれるのです。それを親が、どう受けとめるかで、親も子どもも、大きく人生が変わってくる。

どんな苦しみがあっても、どんな試練があっても、「わが子よ、生まれてきてくれて、ありがとう」——こう、心から言えるようになった時、親子はともに、幸福の方向へ進んでいけるのではないでしょうか。

「障がい」のある子どもたちに学ぶこと（2021年6月3日付）

池田先生は一貫して、「障がい」のある方々や、その家族が懸命に生きている姿をたたえ、励ましを贈ってきました。先生が折に触れて語り、つづった励ましの言葉を紹介します。

まず第一に幸福を！

〈「絶対に、命は平等に尊いこと」「人を敬う心」を知ってほしい――池田先生は『希望対話』の中で、未来部員にこう訴えました。そしてノーベル文学賞を受賞したアメリカの作家パール・バックについて語ります〉

彼女の娘さんは、知的障がい者でした。当時のことだから（娘さんは、1920年生まれ）、アメリカでも偏見は強かったようだ。母として、どれほど悲しく、苦しんだことか……。パール・バックは、いろいろな施設（学園）を見てまわった。しかし、どこも、ただ閉じこめておいたり、〝調教〟するみたいな残酷さで〝厳しくしつける〟ところばかりだった。母は嘆いた。（『母よ嘆くなかれ』伊藤隆二訳、法政大学出版局、参照。以下、引用は同書から）探して、探しまわって、やっと「娘が正しく理解され、愛され、尊敬される」学園が見つかった。そこの聡明な園長先生のモットーは、「まず第一に幸福を。すべてのことは幸福から」だった。

園長先生は言った。

「そのことばは決して感傷ではないのです。長い経験から生まれたものなのです。子どもの魂と精神が不幸から解放されない限り、わたしたちはなに一つ子どもたちに教えることができないのだ、ということをわたしは経験から学んだのです。幸福な子どもだけが、学ぶことができるのです」

皆さんこそ世界の宝であり、未来からの使者――池田先生が最大の尊敬の念を込めて子どもたちに向かって合掌する（1995年11月、ネパールのカトマンズ市で）

生命に序列はない！

牧口先生、戸田先生の考えと同じです。私は、障がい児教育のなかにこそ、教育の原点があると信じています。

この言葉も、すべての子どもの教育にとって真理だと思います。人は、子どもは、絶対に差別されてはならない。尊敬され、幸福でなければならない。学校の成績には序列がある。順番がある。しかし、生命に序列はつけられない。順番はつけられない。だれもが「一番」なのです。全員が「最高」です。

それを教えるための学校ではないですか！「自分はがんばれば、何でもできるんだ！」という自信を、一人残らず、与えるための学校ではないですか！　劣等感を植えつけるために学校があるのではない。それなのに、成績で、人間に上下があるかのように差別するとしたら、大変です。

だれの生命にも「かぎりない可能性」があるのです。それを信じぬくのが教育の根本だと思います。

そのことを、パール・バックは、娘さんから学んだという。

彼女は、同じ悩みをもつ親御さんに対して、「あなたのお子さんを誇りに思い、あるがままをそのままに受けいれてほしいのです」と願っている。

「無理解な人たちの言動や好奇の目には気をとめてはならないのです。あなたのお子さんが存在していることはあなたにとっても、また他のすべての子どもたちにとっても意義のあることなのです」「さあ、頭を上げて、示された道を歩んで行きましょう」と。

重い重い言葉です。

「人間の尊さ」とは

〈池田先生が「思いやり社会の創造を」と題して「埼玉新聞」2004年1月15日付に寄稿したエッセーがあります。その中で先生は、心理学者フランクル博士が自著で紹介したある手紙に言及しています。それは昔、ウィーンの新聞に寄せられた一人の母の手紙でした〉

彼女の子どもは生まれつき障がいがあった。

「私は当時十八歳でした。私は子供を神さまのように崇め、かぎりなく愛しました。母と私は、このかわいそうなおちびちゃんを助けるために、あらゆることをしました。が、むだでした。子供は歩くことも話すこともできませんでした。でも私は若かったし、希望を捨てませんでした。私は昼も夜も働きました。ひたすら、かわいい娘に栄養食品や薬を買ってやるためでした。そして、娘の小さなやせた手を私の首に回してやって、『おかあさんのこと好き？　ちびちゃん』ときくと、娘は私にしっかり抱きついてほほえみ、小さな手で不器用に私の顔をなでるのでした。

そんなとき私はしあわせでした。どんなにつらいことがあっても、かぎりなくしあわせだったのです」

誰もが最高の宝

およそ、この世に、彼女の娘ほど非力な存在はなかったであろう。

しかし人間は、ただ「能力がある」から尊いのではない。社会に「役にたつ」から偉いのではない。誰であろうと、その人がその人であるというだけで《かけがえのない》存在なのである。小さな娘が、それを教えてくれた——。

私の知人にも、お子さんが心身にハンディのある方は少なくない。どんなに悩まれたか、うかがいしれないものがある。その苦闘のなか、ある母はこう言われた。

「あの子が私に、人生の真髄を教えてくれたのです。あの子がいなかったら、私は、いのちの本当の尊さもわからなかった。人をうわべで判断するような傲慢な人間のまま、人生を終えていたかもしれません。あの子が教師だったのです。私たちに、それを教えてくれるために、わざわざ、あの子は、苦しい姿をとって生まれてきてくれたんです」

私は思う。この子らの実像は、断じて「障がい児」などではない、生命の尊さを教えてくれる「世の宝」であると。むしろ、この宝の子らを最優先して大事にできない社会の方こそ「障がい社会」ではないだろうか。

最も弱い立場の人に奉仕せずして、何のための知識か。何のための富か。何のための権力か。

人生の劇を演じよう

〈てい談「21世紀への母と子を語る」の中で、関東の女性リーダーが、埼玉のある母子のエピソードを紹介しています。息子さんには生まれつき脊椎に障がいがありました。お母さんの心を支えたのは、池田先生の励ましだったといいます。1986年に先生が埼玉・三郷文化会館を訪問した折に、「感傷に涙する婦人部ではなく、太陽のごとく明るく前を向いてね。強く生きるんだよ」との激励を受けたのです。

小学生になった息子さんが障がいを理由にいじめられた際、彼は母に言いました。「お母さん、僕が生まれてきてよかった?」と。お母さんは「もちろんよ。あなたが生まれてき

不登校①
不登校②
信じ抜く力
障がいのある子に学ぶ
思春期どう向き合う?
子どもを叱るとき
勉強の悩み
家庭教育アドバイス

て、お母さんは、本当に幸せだよ」と言い、思わず抱き締めたそうです。

そんな母の愛情に包まれて息子さんも伸び伸びと成長し、やがて男子部のリーダーに。彼は笑って母に言いました。「おふくろ、学会の先輩がよく俺にいろいろ〝頼んだよ〟と言うけど、俺が障がい者だっていうこと、みんな忘れてるんじゃないか」

お母さんも、子育ての歩みをこう振り返ったそうです。「一つ一つの経験が、お金では買うことのできない財産となり、何があっても負けない心を築くことができました。この信心に巡りあえたことを感謝しています」と。

――このエピソードを聞いた池田先生は語りました〉

それはよかった。本当にうれしい。法華経には「衆生所遊楽」という言葉がある。この「遊楽」とは、〝うわべの楽しみ〟とか〝うわべの幸福〟のことではありません。仏法でいう「遊楽」とは、生活の中で、現実の社会の中で、自分を輝かせ、自在に乱舞していくことを意味しています。

あたかも〝波乗り〟を楽しむように、人生の苦難さえ「喜び」に変え、「希望」に変え、人生そのものを、太陽のごとく気高く、さん然と光り輝かせていく生き方なのです。仏法

の「誓願」という、菩薩の生き方は、自分で誓い、使命の人生を勝ち取っていく――そこに本領があります。

戸田先生は、よく言われていた。「われわれの姿は、〝貧乏菩薩〟や〝病気菩薩〟のように見えるが、それは人生の劇を演じているんだよ。正真正銘の地涌の菩薩なんだ。人生の劇なら、思い切って楽しく演じ、妙法の偉大さを証明していこうではないか」と。

子育てにも、同じことが言えるでしょう。お子さんの病気、勉強のこと、進路のこと、悩みはさまざまあるかもしれない。だが、それを全部、家族が幸福になるための「財産」なのだととらえて、一歩でも前に進む人が、本当の「人生の勝利者」です。

「思春期」の子どもとどう向き合うか（2021年8月12日付）

「子育てで一番悩んだのは、いつでしたか」との質問に、「わが子が思春期に入った時でした」と振り返る保護者は少なくありません。池田先生が「思春期」を巡って創価の教育者やリーダーたちと語り合った内容を紹介します。

〝一人の大人〟と見る

〈親から見て「素直」で「かわいい」と思っていたわが子が突然、言うことを聞かなくなる。「うるさいな！」と口答えをしたり、イライラした気持ちをぶつけてきたり、普段の会話すらままならなくなったりする――そんな〝大きな変化〟に直面した時、親としてどう向き合えばいいのか。池田先生は語ります〉

思春期は「第2の誕生」とも言われるほど、人生の重要な局面と言える。子どもから大人へと「自立」していく「親離れ」の時期です。子どもたちが自我の独立を求めて、いわば〝独立宣言〟をする第2次反抗期の時でもある。

感受性はひときわ強くなる。自意識が強くなって周囲に敏感になる。容赦のない批判力で大人を観察し（笑）、失望や不満をいだく。親にはあまり心を開かなくなる（笑）。こうした時期に大切なことは、思春期や反抗期の特徴を、親や周囲の人がよく理解したうえで、いたずらに紛動されないで、見守ってあげることです。また、子どもを「一人の大人」として認め、〝人生の先輩〟として接していくことです。間違っても、「子ども」と見るようなことがあってはならない。反抗期は、あって当然なのです。

いずれにしても、反抗するのは、子どもが健全に成長している証拠です。だれもが必ず通らねばならない、いわば〝はしか〟のようなものです。大人と子どもが同居している複雑さもある。一時的で、衝動的な反抗も多い。

今までのわが子と急に違ってしまうと、親は戸惑って右往左往してしまいがちです。慌ててしまう。反抗期だからといって、腫れ物にさわるような特別扱いもよくない。

それよりも、こうした経験をした子のほうが、人間としては太くたくましくなっていくのだ、ととらえるくらいの大らかさがあっていい。反抗期を経験しない。怒鳴られたり怒鳴ったり、失敗の経験もない。これでは、社会に出てから思いどおりにいかない状況に直面したり、荒波を受けた時に、立ち直れないような深刻なダメージを受けかねません。

その意味では反抗期は、親も教師も「勇気をもって耐える期間」ですね。

等身大の愛情で

〈思春期の子どもたちは周囲の友達やメディアから新しい情報をどんどん吸収し、価値観も大きく変化していきます。価値観の違いで親とぶつかる場面も増えるでしょう〉

子どもの発達段階をよく知って大きく包む——。教師や親の価値観が狭くて古いものに縛られていれば、子どもも縛られてしまう。現実を、ありのまま見つめ、まず受け入れてあげることが先決です。

仏法には、「実の如く知見す」(「如実知見」)とあります。これは、三世の因果に通達した「如来(仏)」が世間の事象を「ありのままに見る」、すなわち真実の相を正しく捉える

悩みも喜びも分かち合いながら、共に進もう！　成長しよう！——池田先生ご夫妻が未来部の友や担当者たちと朗らかに（1992年6月、イタリア・フィレンツェで）

仏の智慧について言われたものですが、私たちが生きていくうえでも大事な視点です。

親が自分の基準にこだわるのではなく、ありのままにわが子の現実を見つめて、その現実から出発し、わが子のよい面を発見し、伸ばしていくことです。

子どものよって立つ基盤は、何といっても家庭です。その大地を潤していこう、子どもにとって居心地のよい場所にしていこう、と努力してあげることです。

子どもを、本当に叱らなければいけないようなことは、一年に、そう何遍もあるものではない。しょっちゅう怒ってばかりでは、子どもとしては、うるさくてしょうがない（笑）。叱る効果もない。たとえば、宿題をしようとしていた、まさにその時に、〝宿題したの!?〟と母親から言われる（笑）。〝つぶしのタイミング〟というのか（笑）、その一言で、子どものやる気はしぼんでしまう。子どもも一歩、外に出たら一生懸命、頑張っている。家に帰って、足を投げ出して休む。すると途端に、お母さんから「だらしないわね。ちゃんとしなさい」と小言が飛んでくる。そこに、親と子のミスマッチ（すれちがい）がある。

子どもは、甘やかされることを欲しているのではない。叱る親をうとんじているわけでもない。ただ、同じ叱責であっても、それが親のヒステリックな一時の感情からなのか、深い愛情によるものなのか、鋭く感じとっているのです。

ゆえに、叱るべき時は、本気で叱ればよい。その等身大の愛情が、揺れる子どもたちの心の世界に、人間としての一本の道筋を築いていく支えとなるのではないだろうか。

性教育は生命の尊さを伝えて

〈思春期は恋愛感情や性的関心が高まる時期でもあります。日本には今も、〝隠さなくてはいけないこと〟といった風土が残っている実情もあるでしょう。しかし「性」について語ることは決して恥ずかしいことでも、隠すべきことでもありません。家庭においても父親や母親が、それぞれの立場から正しい知識を率直に語っていく必要があります。池田先生は訴えました〉

　性に関心を持つのは、青春の特権です。年ごろの子どもたちを正しく育てるために、性教育は必要不可欠です。性感染症などの対策も、当然あるでしょう。女性を大切にするという視点も、必要でしょう。ごく自然に、当たり前のことを、当たり前に教え、学んでいくのだという気持ちで行っていけばよい。

　何よりも、生命の尊厳が根本です。生命はいかにすばらしいか、いかに尊いかを教えていくことです。単に好奇心をそそるだけで終わってしまうわけがない。「性」を大事にすることは、「生」、つまり「生命の尊厳」と「自らの人生」を輝かせていく。その「心」と「行動」を大事にすることに通じます。

挑戦の姿を示せば

〈思春期の子どもたちは、大人たちがどこまで真剣に向き合ってくれるかを見ています。問われているのは大人の側に「どう生きるべきか」についての信念があるかどうか、子どもたちをどんな人間に育てたいかという明確な目標があるかどうか——とも言えるかもしれません〉

親や教師の子どもへの接し方が定まらなければ、鋭敏な思春期の子どもたちは、大人の矛盾を感じるだけです。

家庭には、子どもを社会の荒波から守る面と、社会に適応できるように子どもを育んでいく側面がありますが、守ってばかりでは過保護となって、社会化できない。反対に「こうしなければいけない」と社会化にばかり傾けば、個としての自立がそこなわれますし、時には反発さえ買いかねない。

大事なことは、子どもと共に、親も成長していくことです。同じ人間として、悩み苦しみながらも、困難を乗り越えていこうと挑戦している親の生きざまを、率直に示していくことです。そうすれば、子どもも安心して伸びていける。「挑戦の心」が伝染します。

◆◇◆

子どもたちの生命の宮殿を開き、心の強さ、体力、知力、そして何よりも生命力を引き出す――教育の重要性もここにあります。

人類の希望の未来を考え、正義の人生を歩み、後世に何を残し、何を贈るかと考えれば、教育しかない。この、いわば、生命の大地に人材の種を蒔き、慈愛の滴を注ぐ労作業に全力で取り組んでいく以外に、「未来の創造」はないことを、確認し合いたいと思います。

子どもを叱るとき（2021年12月23日付）

子どもは、良い所を見つけて、ほめて伸ばすもの――それを前提とした上で、子育て中には、どうしてもわが子を叱らなければならない場面もあるでしょう。しかし、「子どもをどう叱ってよいのか、分からない」といった悩みを抱えている方も少なくありません。「21世紀への母と子を語る」から、池田先生の言葉を紹介します。

確固たる価値観を

〈「上手な叱り方は、あるのでしょうか」――子育て中の親たちから多く寄せられた質問に、池田先生が答えます〉

「上手な叱り方」ですか。難問ですね。「叱り方」といっても、根本は親の生き方が問われる。親が、自分の人生に対する信念、生き方を確立することが第一です。

親自身が、確固たる価値観をもつことです。そうでないと、結局、環境に振りまわされたり、育児書に振りまわされたり、子どもに振りまわされてしまう。それでは、子どももかわいそうです。

〈確かに、叱る側の大人自身に自信がなく、子どもに毅然とした態度がとれずに悩んでいる場合があります。先生は「悩むこと自体が尊いのです」と受け止めつつ、〝生命尊厳を基本に、大人自身がまず正しい価値観の確立を〟と訴えながら、言葉を継ぎました〉

性別、性格、家庭環境など、子どもによってそれぞれ違いがある。だから、いちがいに「こういう時は叱ってよい」とか、「これが上手な叱り方だ」とは、言えないでしょう。ただ、「ここぞ」という時に、きちんと叱れるかどうか。心が大切です。〝たとえ嫌われても〟叱ってあげられるのが、母親なのです。

本当に自分のためを思って叱ってくれる親を、子どもは嫌ったりしない。生命の奥で、愛情を感じ取っていく。逆に、子どもだって叱ってほしい時がある。親が自分と向きあい、真剣にかかわってくれるよう求めていることもあるのです。「いざ」という時に、あえて言ってあげるのが「慈悲」です。

日蓮大聖人は、仰せです。

「たとえ強い言葉であっても、人を助ければ、真実の言葉であり、穏やかな言葉である。たとえ穏やかな言葉であっても、人を誤らせてしまうのなら、偽りの言葉であり、強い言葉である」（新版１１９４ページ・全集８９０ページ、趣意）

お母さんが、どんなに優しい言葉で話しても、それで子どもをダメにしてしまえば、それは「偽りの言葉」です。たとえ、きつく子どもを叱ったとしても、子どものためを思い、子どもを救うならば、それは「真実の優しい言葉」なのです。

大事なのは、ふだんから子どもの成長を祈っているかどうかです。祈りがあれば、たとえその時には分からなくとも、親の思いが子どもにちゃんと伝わっていくのです。

「創造家族」で！

〈叱れない親が増えている一方で、自分の感情をコントロールできず、ついカッとなって

叱ってしまうことで悩んでいる人もいます。感情を抑えきれず、つい手が出てしまうという親も……〉

叱るといっても、親が理由も言わずに、怒りにまかせて叱ってばかりいると、子どもがおびえます。そして、とにかく「怒られないように」「叱られないように」と、一種の「ずるさ」を身につけてしまうこともある。そんなことを繰り返しているうちに、大事な時にも親の言うことに耳をかたむけなくなってしまう。

感情で叱らないといっても、なかなかかんたんにできることではない。ただ、その時の気分にまかせて、手を出すことは、あってはならない。また、しぜんな感情を押し殺すのがふしぜんな場合もある。ときに感情的になることがあっても、根底に愛情があれば、大丈夫。大事なのは、ふだんの親子の信頼関係です。

〈児童虐待も問題になっています。親自身が虐げられて育った分、子どもにも同じように

向かってしまうというケースもあるようです。そうした中、「子育てに自信がない」と語る親も少なくありません〉

子育てといっても、初めは皆、「初心者」です。自信がなくて、当たり前です。家庭、家族というのは、千差万別であり、決してマニュアルどおりにはいかない。自分なりに、自分の家庭の教育を創りだしていくしかない。試行錯誤でいい。失敗を恐れる必要もない。「創造家族」です。

知恵は慈悲から

〈「完璧な親」などいないのですね〉

欠点も長所もあるから、人間なのです。そこに人間らしさがある。

だからこそ、子どもも安心できるのです。自慢話ばかりする親よりも、自分の失敗談を話してくれる親のほうが、子どもも相談しやすいといいます。

「賢明な親になろう」と努力するのは大事です。しかし、格好だけ「よい親」を装うなら、かえって子どもを苦しめるだけで、自分も苦しみます。自分らしくてよいのです。

「子どもはかんたんに言うことを聞かないもの」――そう割り切ることです。「覚悟」を決める（笑）。そして、心を広々と大きく持つことです。戸田先生も、よく言われていた。「境涯を大きく持ちなさい」と。「子どもとしょっちゅうケンカしているのは、境涯が低いんだぞ」とも。

子どもが駄々をこねる。言うことを聞かない。かんしゃくを起こす――それには、何か原因がある。子どもは言葉でうまく言い表せないから、そうやって気持ちを表しているのです。子どもが今、何を欲しているか。何が言いたいのか――子どもの「心」に目を向けるのです。

〈親の側に「心のゆとり」がなければ、なかなかそうはいきません。先生は語りました〉

親の生命力です。子どもとかかわっていくのは、本当に命を使うものです。そして「知恵」です。知恵は、慈悲から出るのです。仏は、ときに巧みな「たとえ」を用い、ときに厳しく叱咤し、ときにあたたかく包容しながら、衆生を導きます。それは、すべて衆生を思う慈悲から出ているのです。親も同じです。

「誓い」があれば

〈立派な親といっても、学識や教養が必要なわけではありません。平凡にして、偉大な母や父はたくさんいます。偉大な親であるか否かは「『子どもを思う心』の深さ、大きさで決まります」と先生は語りました。それはまた、わが子の幸せを真剣に祈るとともに、子どもを社会に貢献する人に育てようという心、その「誓い」の深さでもあると訴えます〉

「過保護」の親、「放任」の親、いずれもよくないが、もとをただせば、親のエゴです。子どもを「自分の所有物」のように考えるところから、両極端が生まれるのです。

子どもを「広宣流布」という社会貢献の人材に――この「誓い」があれば、エゴにおちいらない。また、子どもがどのようになろうとも、決してあきらめたりできない。私がここまでやってこられたのも、戸田先生との「誓い」があったからです。

師との誓いを胸に、これまで、必死の思いで走りぬいてきました。嵐の中も、猛吹雪の中も、ただ「誓い」を果たそうと。世界じゅうのあらゆるところで、飛行機の中でも、ホテルにいても、車中にあっても、題目をあげながら。「師との誓い」であるがゆえに、「あきらめる」などということは、考えもしなかった。次元は違うけれども、子育てにも、同じことが言えるのではないだろうか。

〈池田先生は、広島の中国平和記念墓地公園に立つ「世界平和祈願の碑」の像に言及しました。世界的な彫刻家であるフランスのルイ・デルブレ氏が制作したもので「建設」「寛容」「勇気」「希望」「後継」「歓喜」の〝六体の像〟からなっています。そのうちの「後継」の像は、座った母親が小さな子どもを両手で抱き上げ、前の方へと掲げる姿をしています〉

この像について、デルブレ氏は、こう言っている。

「子どもを産み育てる根源的な存在としての母親。そして、未来世紀を担い、大いなる希望をもって成長していく姿を、母親にかざされた幼児として表現しています。

母親にとって子どもは、自分の所有物でも、付属物でもありません。未来を開くため、世界の平和のために捧げ、送り出していくのです。幼児も一人の人間として、きりっとした表情をしています。後継の使命を決意し、自覚していることを、両手を横に広げて表現しているのです」

「親のエゴ」ではなく、「子どもの未来」を子育ての基準にしていかなければなりません。

子育ては、長い目でみなければ分からない。「子どもの今」を満足させるだけでなく、「子どもの未来」をしっかりと見すえていくのです。そうすれば、「叱るべきとき」も、おのずと分かるのではないか。

子どもは、自分を映す鏡です。子育ては、子どもも、自分もともに成長していく崇高な作業なのです。

わが子の勉強のことで悩む親御さんへ

（2022年7月21日付）

わが子が持ち帰ったテストの点数や通知表を見て、親が一喜一憂する……多くの家庭で見られる光景ではないでしょうか。子どもの成績のことで悩んでいる保護者は少なくありません。「学ぶ心、学ぶ意味」をテーマに池田先生が語った励ましの言葉を、「21世紀への母と子を語る」の中から紹介します。

命令調の言葉が嫌い

〈「子どもが、いくら言っても勉強しないんです」「どうしたら勉強させられるでしょうか」。そんな相談が、多くの親から寄せられました。また、近年、日本では子どもの基礎的な学力の低下を指摘する声も……。池田先生は語りました〉

日本全体の学力も大きな問題かもしれませんが、親御さんたちにとっては、「わが子」の学力が最大の心配ごとでしょう（笑）。

以前、創価学会青年部の難民視察団が、カンボジアに行った時のことです。たいへん印象的だったらしく、報告してくれました。

悲惨な戦争を逃れてきた多くの避難民が、水や食糧の確保もままならないような、ぎりぎりの状況で生活していました。青年部員は、そこにいる子どもたちに、「今、いちばん、何をしたい？」と聞いてみた。すると、子どもたちは、輝く瞳で答えました。「早く学校に行って、勉強がしたい！」と——。

子どもは本来、「学ぼう！」「伸びよう！」「吸収しよう！」という意欲を持っているものです。

終戦直後の日本を振り返れば、よく分かります。生活は苦しく、皆、お腹をすかせていたが、青少年にとって、食べ物と同じくらい必要だったのは、精神の栄養でした。皆、「学ぶ」ことに飢えていました。一冊の本を手に入れるために、長い行列に並んだものです。

◆◇◆

要は、子どもの「やる気」を、どう引き出すかだね。「勉強しなさい」と一方的にいくら言っても、子どもはかえって反発することが多い。とくに子どもは、「〜しなさい」といった命令調の言葉が嫌いなのです。

人生に勝つために

〈確かに、親がいくら「ちゃんと勉強しなさい」と言っても、子ども本人がその気にならない限り、逆効果だったという話は、よく耳にします〉

親御さん方にしても、自分の子ども時代を振り返れば、そんなに「勉強しなさい」とは言えないはずでしょう（笑）。

「勉強ができる」からといって、「幸福になる」とはかぎらない。「いい学校を出た」からといって、「立派な人間」とはかぎらない。この当たり前のことを、皆、忘れている。それを混同するから、多くの問題も生まれているのです。

「人間の偉さ」と「成績」は、関係ありません。ではなぜ、勉強するのか。

「知は力なり」です。勉強は、自分に力をつけるためにするのです。「人生に勝つため」に学ぶのです。その力で社会に貢献するのです。

勉強していないと、将来、いざという時に、力を発揮できない。夢を持った時に、夢が実現できない。勉強も、努力もしないで、立派になった人はいません。

引き出す　励ます

〈マスメディアの影響なのか、努力や忍耐を要する地味なことよりも、華やかな面ばかりに目を向ける人も少なくないのが実情です〉

どんな世界であれ、勉強と努力なくして一流にはなれません。華やかに見えるスポーツや、音楽といった世界でも同じです。

もちろん、学校の勉強だけが、勉強ではない。人それぞれ、得意や不得意もある。しかし「学ぼう」「勉強しよう」という心を持ち続けることが大切です。「勉強ができる人」が偉いのではない。「勉強しようという心」を持ち続ける人こそ、偉いのです。

ですから、お母さんは、子どもの成績に一喜一憂するよりも、子どもの「学ぼうとする心」を引き出し、たたえてあげてほしい。「お前はだめだ」とか、「どうして、こんなことも分からないの」などと、絶対に言ってはいけません。

大事なのは、「やる気」を引き出すこと。「やればできる」という自信をつけさせることです。「お母さんがしっかり見守って、祈っていてあげるから、あなたは安心して勉強しなさい」と、あたたかく包容し、励ましていくことが大事です。

「押しつけ」ではいけない。「引き出す」のです。「命令」はいけない。「励ます」のです。

持続は力なり

〈あるリーダーが、青年時代に池田先生から「『決意』が『実践』になり、『実践』が『習慣』になった人は強い」と励ましてもらった思い出を述懐しました〉

「持続は力なり」です。何ごとであれ、苦労も、辛抱もしないで、いきなり伸びるようなことは、ありません。そんなのは幻です。

途中の困難を避けて、成果だけ得ようとするのは怠惰であり、要領です。「どうせ、分からないから」と、あきらめてしまうのは弱さです。

ときには、負けそうになることもあるでしょう。投げだしたくなったり、あきらめたくなることもある。挫折することもある。しかし、途中で少々、止まってしまったとしても、もう一度、決意を新たにして、粘り強く進んでいけばよいのです。それが本当の強さです。

親御さんにも、辛抱が必要です。じっと見守りながら、子どもの「前へ進もうとする心」を励ましてあげるのです。少しでも、一歩でも前進したら、「頑張ったね」「よくやったね」「さすがだね」と大いにほめてあげるのです。

本に親しむ習慣を

〈ここで話題は「読書」に移ります。子どもの「学び」をより豊かなものにするために、池田先生は、「良書に触れることの大切さ」を訴えます〉

私は、現在の活字離れの風潮を深刻に考えている一人です。今はコンピューターも発達したし、本以外にも、情報を得るには、いろいろと便利なものはある。しかし、じっくり本を読むことによって、頭が鍛えられる。批判力もつくし、想像力も豊かになっていきます。また、「読書によって、学力の基本が身につく」と指摘する識者は多い。

社会人として生活するために必要な「読み書き」の力もしぜんに備わっていきます。ですから、お子さんには、本に親しむ「習慣」をつけてほしい。何も、むずかしく、かたくるしいだけの本を子どもに読ませる必要はない。子どもが「おもしろい」と感じられるような本を、子どもと一緒になって読み、聞かせていけばよいのです。

忙しい毎日だと思いますが、子どもばかりでなく、親御さんも読書に挑戦してほしい。その姿から、子どもは何かを感じ取っていくでしょう。

限りない向上

〈自ら学ぶことの大切さは、子育て中の保護者に限らず、子どもと関わるすべての大人にも、共通するものでしょう。「生き生きと学んでいる大人の姿」から、子どもたちも「学びへの興味・関心」を自然と抱いていくに違いありません。先生は呼び掛けました〉

戸田先生は、最後の最後まで「勉強せよ。勉強しない者は私の弟子ではない」と厳しく言われていました。先生の教えどおり、今も私は、学び続けています。

戸田先生の事業が、いちばん苦境にあったころ、それを支える私は、大学に行きたくても行けなかった。しかし先生は、「心配するな。ぼくが大学の勉強を、みんな教えるからな。勉強は、ぼくにまかしておけ」と言われ、毎日曜日、ご自身の休養もさしおいて、ありとあらゆる学問を個人教授してくださった。日曜だけでは足りず、会社の始業時間前の早朝もです。

生命を削ってでも、ご自身の持てるすべてを、私に伝えきっておこうという気迫であられた。ありがたい師匠でした。私は「戸田大学」の卒業生です。それがいちばんの誇りです。

「学は光」「無学は闇」――学び続ける人は美しい。学ぶ姿は、すがすがしい。一歩、深い人生を生きることができる。

親も、子も、ともに学びながら、限りない向上の人生を歩んでいこうではありませんか。

家庭教育へのアドバイス6項目（2022年8月15日付）

1993年、アメリカに「未来部」が発足することが発表された際、池田先生は「家庭教育へのアドバイス6項目」を贈りました。その折のスピーチの内容を、抜粋して紹介します。

伸び伸びと良い方向へ

〈未来部が最も大事にすべきことは？　池田先生は呼び掛けます〉

まず、未来部の時代は「勉学第一」で進むべきである。信心の大切さは言うまでもないが、信心は一生である。勉学には、やるべき時期と年代がある。その時に努力しておかなければ、身につかない。後悔することになりかねない。「信心」は即「生活」である。未来部の場合は即「勉学」である。今は勉学に励むことが、信心の重要な実践なのである。信心しているから、勤行や会合が忙しく、学業がおろそかになった――これでは絶対に正道とはいえない。また、ときには勤行ができなくとも、ことさらに神経質になる必要はない。題目三唱でよい場合もある。

むしろ〝持続〟が大切である。一生涯、御本尊と学会から離れない心が大事なのである。少しずつ向上していけばよいし、時には「きょうの勤行は、お母さんがかわりにしておいてあげるから」などと、安心をあたえてあげるぐらいの大らかさがあってよいと思う。窮屈な圧迫感をあたえることは、かえって信心から遠ざけてしまうであろう。伸び伸びと、自然のうちに、いちばん良い方向に成長していけるよう、賢明なリードをお願いしたい。

心のつながりこそ

〈子どもが「安心感」に包まれて、「伸び伸び」と「自然のうちに」信心の大切さや喜びを感じていくような関わりを、親自身ができるかどうか。先生は続けて訴えました〉

どんなに忙しくとも、子どもと接し、対話する工夫をお願いしたい。

大切なのは、時間ではない。知恵である。家をあける場合は、「メモ」を置いてメッセージを伝えるとか、「電話」で連携をとるとか、何かの形で必ず子どもとコミュニケーション（やりとり）できる配慮をすることである。

子どもがうちに帰った。だれもいない。どこに行ったかもわからない。メッセージもない。これでは子どもは寂しい。心が安定できない。かわいそうである。寂しい思いをさせ

家庭教育へのアドバイス6項目

①信心は一生。今は勉学第一で

②子どもと交流する日々の工夫を

③父母が争う姿を見せない

④父母が同時には叱らない

⑤公平に。他の子と比較しない

⑥親の信念の生き方を伝えよう

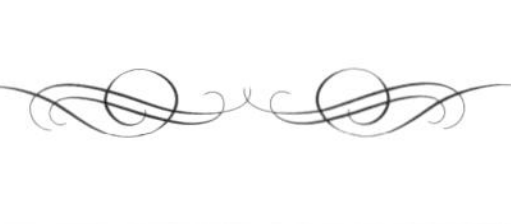

てはならない。短い時間であっても、会えば抱きしめてあげたり、スキンシップをして交流をする。話を聞いてあげる時間をつくる努力をする——慈愛さえあれば、いくらでも知恵は出るはずである。

信心は「知恵」として表れる。聡明になり、賢明に生きるための信仰である。信仰者が、自分の子どもの心もつかめず、自分の家庭の建設もできないのでは、人々を救うといっても、観念論になってしまう。

学会活動に戦った親の福運は、必ず子どもを守っていく。それを確信したうえで、〝忙しいのだから仕方がない〟とか〝何とかなるだろう〟と、ほうっておくのではなく、対話のための具体的な努力をすることである。そうでなければ、親として無責任となり、無慈悲となってしまう。

形ではない。心である。心がつながっているかどうかである。いつも一緒にいても、遠く心が離れてしまっている家族もいる。短い時間でも、凝縮して、劇的に、心の通い合う家族もある。ふだんの努力で、心がつながっていれば、どこにどうしていようとも、おたがいに安心していられる余裕のある家庭となる。

どうか、わが家らしい工夫を重ねながら、〝親子一体〟の向上の軌道を進んでいただきたい。

アメリカ創価大学で行われたアメリカの中等部・高等部の研修会（2022年6月）

安定した大地の上に

〈子どもの心は鋭敏です。大人の言動一つで元気になることもあれば、不安を覚えてしまうことも。その意味からも先生は「夫婦の姿」について言及します〉

子どもは一人の大人であり、一個の人格である。大人以上に鋭く見ている場合が多い。その意味で、たとえば、子どもに夫婦げんかを絶対に見せてはならない。どうしてもやりたい場合は隠れて、けんかすることである（笑）。父母が争うと、子どもは悲しい。学校に行っても心は真っ暗である。そして長い間、ずっと忘れられないものだ。

ある心理学者によると、父母が争うのを見た場合、子どもは自分の存在の根底が揺らぎ、まるで地面が割れてしまったような不安をおぼえる例が多いという。安定した心の大地の上に、大樹も成長する。安らぎのある家庭をあたえてあげていただきたい。

恩師の知恵

〈子育てにおいては、時に、どうしてもわが子を叱らなければならない場面もあるでしょう。そんな時も、「父母が同時には叱らない」という点に気をつけるべきだと、池田先生は恩師・戸田城聖先生の話を通して語りました〉

父が息子を厳しく叱ると、反発されるだけの場合がある。母親が叱った場合には、比較的、心に入るとされる。いちばんいけないのは〝一緒になって叱る〟ことである。これでは、子どもは逃げ場がない。

また娘について、父は、どうしてもかわいいし、甘くなってしまう。その点、母と娘は、女性同士で何を言っても通じ合うところがある。ゆえに女の子に対しても、母親が言ったほうがよい場合が多いようだ。

戸田先生は「父親が怒ると子どもは離れていく。母親が怒っても、子どもは母親からは離れないものだ」と言われていた。こうした知恵は、人間の法則、生命と心の法則に基づいたものである。

文化の差や、各家庭による違いは当然として、何らかの示唆を得ていただければ幸いである。

かけがえのない一人

〈「きょうだい」のいる家庭において、それぞれの接し方に悩む親御さんも多いのではないでしょうか。親としての関わりで意識すべき点は何か。池田先生は訴えます〉

「公平」でなければならない。この子は頭がいいから大事にするとか、この子のほうがきれいだからいいとか、絶対に差別してはならない。

親の心ない一言が、子どもの心を深く傷つけ、劣等感を植えつける場合も多い。いわんや、いつも兄弟姉妹と比較され、公平に扱われない場合には、愛情に飢えて、寂しくつらい思いをする。これではすこやかな成長ができなくなってしまう。

子どもにとっても、親にとっても、何の得もない。あまりにも愚かである。反対に、そういう子どもほど励ましが必要なのである。

あたたかく見守り、その子を励ましてあげる。良い点を見つけてほめ、自信をあたえてあげる。何があろうと、他の人がどう言おうと、自分だけは、その子の絶対の味方となって支え、愛情をそそぎ、可能性を信じきっていく。子どもの個性を尊重してあげる。それが親である。

人を能力や外見だけで決めつけ、選別していくような非情な競争原理の社会であり、学校であるかもしれない。そうであればあるほど、家庭だけは公平・平等に、〝かけがえのない一人〟として大切にしあう場であってほしい。

表現しなければ

〈最後に先生は「親の信念の生き方を伝えよう」と呼び掛けます。それは決して声高に叫ぶものでもなければ、「押しつける」ものでもありません。わが子が自然と理解・共感できるように、知恵と愛情を尽くしていく関わりであると強調します〉

要は、子どもたちを立派に成長させるために、ガッチリと〝心のギア〟をかみ合わせながら、ともに成長し、一体で前進していくことである。

私たちは、法のため、人のために奉仕している。エゴの人生ではない。ゆえに人よりも忙しいし、団欒の機会も思うままには取れないかもしれない。それでも人に尽くして生きている。いちばん尊い人生なのである。その信念、生き方、情熱を、子どもたちが理解し尊敬できるようにしてあげなければならない。愛情も信念も、〝黙っていても、いつかわかってくれるだろう〟と考えるのは誤りである。

意識して〝表現〟しなければならない。あせらず、そして賢明に伝えていくことである。

その「知恵」が「信心」の表れなのである。

「一家和楽の信心」は、ＳＧＩ（創価学会インタナショナル）の永遠の指針である。朗ら

かな、すばらしい家庭から、21世紀のすばらしいリーダーが輩出され、彼らが満天の星のごとく、太陽のごとく、アメリカと全世界を照らしゆく日を夢み、まぶたに描きつつ、お祝いのスピーチとしたい。

第4章

子育て・教育応援誌『灯台』から

子育て・教育応援誌『灯台』（第三文明社）に掲載された記事から、子どもたちとの関わりの中で参考になる内容を紹介します。

親子関係から考える信仰の継承

創価大学名誉教授　鈎　治雄さん

（『灯台』２０２２年11月号・12月号から）

親子間の信仰継承の問題をどう考えるべきか。長年、心理学者として数多くの家庭にアドバイスを送ってきた鈎治雄さんに、聞きました。

安心できる親子関係を築くことが前提

――親から子への信仰の継承を考える上で、親としてどのようなことに気をつければよいでしょうか。

鈎　子どもの成長を支える上で最も大切なことは、家庭内で健全な親子関係を育んでいくことです。親から子への信仰の継承について考える場合にも、まず何より大事なことは、親御さんが、「子どもの成長を支える望ましい家庭」「信頼感に裏打ちされた親子関係」をどう築くかということに、心を砕いていくことだと思います。

1989年に国連総会で採択された「子どもの権利条約」には、「締約国は、児童の生存及び発達を可能な最大限の範囲において確保する」（第6条）、そして、「児童は、（中略）できる限りその父母を知りかつその父母によって養育される権利を有する」（第7条）とあります[*1]。

子どもの生存・発達を最優先に考え、かつ子どもが〝心から納得し、満足できる親子関係〟を築くこと。そのような土台があって初めて、親は、「信仰の継承」という問題を語る資格を得るのだと思います。

その意味で、まず親御さんが最善の努力を尽くし、子どもに愛情を注ぎ、「子どもが心から安心して過ごせるような時間」を、たくさんつくってあげてほしいと思います。

親の誠実な関わりが何よりも大切

――子どものことを最優先に考え、愛情を持って接していくことが、何より大切なのですね。

鈎　そうした関わりが、「子どもの権利」「子どもの人権」を、最大限に尊重するということであり、信仰者としての本来の姿勢だと思います。

　こうした人間として、親としての本質的な役割を抜きにして、親から子への「信仰の継承」ということだけを、ことさらクローズアップし、話題にすることは、問題の本質をすり替えてしまうことになりかねません。

　また、親から子への信仰の継承という問題だけを取り上げ、それが「子どもの権利に反する」とか「人権問題に関わる」と捉えてしまうことも、かえって子どもの権利を軽視してしまうことにもつながりかねません。

　何よりも大切なことは、望ましい親子関係のあり方と大切さを、親御さんが誰よりも強く、自覚していくことです。それが、「生命の尊厳」を大切にする信仰者としての本来のあ

「子どもの権利条約」4つの原則

子どもの権利条約（児童の権利に関する条約）は、世界中すべての子どもたちが持つ権利を定めた条約です。1989年の第44回「国連総会」において採択されました。

条約の基本的な考え方は、次の4つの原則で表されます。それぞれ、条文に書かれている権利です。4つの原則は、日本の「こども基本法」（2023年4月施行）にも取り入れられています。

差別の禁止

（差別のないこと）

すべての子どもは、子ども自身や親の人種や国籍、性、意見、障がい、経済状況などどんな理由でも差別されず、条約の定めるすべての権利が保障されます。（第2条）

子どもの最善の利益

（子どもにとって最もよいこと）

子どもに関することが決められ、行われる時は、「その子どもにとって最もよいことは何か」を第一に考えます。（第3条）

生命、生存及び発達に対する権利

（命が守られ成長できること）

すべての子どもの命が守られ、もって生まれた能力を十分に伸ばして成長できるよう、医療、教育、生活への支援などを受けることが保障されます。（第6条）

子どもの意見の尊重

（意見を表明し参加できること）

子どもは自分に関係のある事柄について自由に意見を表すことができ、おとなはその意見を子どもの発達に応じて十分に考慮します。（第12条）

（日本ユニセフ協会HPをもとに作成）

るべき姿なのではないでしょうか。

子どもへの信仰の継承という問題は、親の良識ある振る舞いや態度を大前提にした上で考える必要があり、その優先順位を間違えないことが大切です。

逆に言えば、子どもへの深い愛情に裏打ちされた、親の誠実な関わりがあれば、子どももまた、信仰の継承という問題に、自ずと納得のいく答えを導き出していけるのではないでしょうか。

そうした親子間の信頼関係という基盤があってこそ、信仰の本来の力や価値も、存分に発揮されるものだと思います。

自信を持ってわが信念を伝えよう

――世界では、宗教が生活に根差している国が多くあります。そうした国々と比べると、日本人の宗教との向き合い方は、少し違うように感じます。

鈎　芸術文化観光専門職大学の山中俊之教授は、世界の宗教に対する知識や理解度のことを「宗教偏差値」と呼んでいます。その上で、日本人が、世界の国を正しく理解し、ビジネスパートナーとして受け入れられるためには、「宗教偏差値」をしっかりと高めること、つまり、世界の宗教への理解や認知を深めていくことが不可欠であるとしています。[*2]

一般的に日本は、仏教を信奉する国であるとされているものの、日本人は、信仰することの意味や、信仰への関心がきわめて希薄で、宗教の意義や価値それ自体を、軽視していると指摘されています。

たしかに日本では、仏教寺院や仏像、教会が、単に観光名所としての価値でしか見られなかったり、冠婚葬祭等の儀式のためだけのものになっていたりして、人々の日々の生活からは、遠くかけ離れたものになってしまっています。

そして、本来の信仰の意味や意義、宗教と人生、宗教と人間、宗教と平和といった核心部分について議論されることは、ほとんどありません。

ですから日本では、信仰をしているというだけで訝しがられたり、色眼鏡で見られたりするなど、変なレッテルが貼られてしまいがちです。

社会やマスコミが、本来の宗教の意義や役割を問うことなく、また教義への正しい理解を示すこともなく、単に表層的な興味本位の報道だけに終始してしまえば、人間の尊厳と幸福のためにある宗教の価値や意義を、見失ってしまうおそれがあります。

その意味で、社会はもっと、人類の平和に大きく寄与している宗教団体や、自身の生き方と真剣に向き合いながら社会に貢献している信仰者に光をあて、正しい評価をしていく必要があると言えるでしょう。

そうした観点からも、信仰を持つ親御さんたちが、信仰を持っていることに恥ずかしさや後ろめたさを感じる必要は、まったくありません。むしろ、それは、人間として最も尊い行為であることに誇りを持って、子どもたちにも、折に触れて、信仰を持つ意味や素晴らしさを、自信を持って、大いに語り継いでほしいと思います。

大切なのは親の振る舞い

――親が自分の信仰や信念を子どもに伝える場合に、心がけるべき大切なことは何でしょうか。

鈎　親が自分の信仰や信念を子どもに伝える際には、私は大きく3つのポイントがあるように思います。

1つ目は、〝子どもの話には、全身全霊で耳を傾けよう〟という目標を持つことです。これは、「あなたの要求や思い、願いには、真剣に向き合おうとしているよ」という、親御さん自身の力強いメッセージにほかなりません。

とりわけ幼少期には、こうした「傾聴的な関わり」は、子どもの存在をまるごと受容していく上で、大きな意味があります。

子どもは、親に対して全幅の信頼を寄せて、この世に生まれてきたのです。だからこそ、親御さんも、子どもの声に全力で耳を傾け、子どもが抱く親へのかぎりない期待に、信頼の心で応えてあげることが大切なのです。

2つ目は、親自身が、信仰や活動自体を心から楽しめていることです。

教育には、「陰の（隠れた）教育内容」という考え方があります。子どもは、親が意図的に教えようとしたことよりも、むしろ、親が教えようとしなかったことに、強い影響を受けて育つとする考え方です。

例えば、日頃の親の何気ない言葉づかいや振る舞いによって生まれた家庭の雰囲気は、子どもの成長に大きな影響を与えます。

また、子どもの成長を真剣に祈る親の後ろ姿を通して、子どもは親のありがたさや存在の大きさを、毛穴を通して吸収していくものです。

一方で、宗教心理学が示唆しているように、とりわけ思春期や青年期には、親の振る舞いが信仰と調和しないような事実を、子どもが発見した場合には、内面的な不和や疑いの状態、つまり、「懐疑」が起こることがあります[*3]。

これをわかりやすく言えば、親が日頃から語る信仰の素晴らしさや魅力と、親の実際の行動との間に矛盾が生じている場合に起こる反抗心と言っていいでしょう。

そうした意味からも、親自身が、日頃から、信仰による喜びや充実感を肌で感じ、信仰活動を心から楽しめていることが大切です。ですから、自身の言行不一致に気づいた時には、素直に子どもに詫びるなど、誠実な接し方がとても大切になります。

ここ一番で伝えたい信仰の確信

——日頃の親の言動、そして振る舞いを子どもはよく見ているのですね。３つ目はどのようなことでしょうか。

鈎　3つ目は、「ここ一番」という時に、親の信仰に対する「確信」を、しっかりと伝えていくことです。

国連総会で採択された「子どもの権利条約」では、「締約国は、思想、良心及び宗教の自由についての児童の権利を尊重する」（第14条の1）とあります。その一方で、「児童が1の権利を行使するに当たり、父母及び場合により法定保護者が児童に対しその発達しつつある能力に適合する方法で指示を与える権利及び義務を尊重する」（同条の2）と明記されています。[*4]

元早稲田大学教授の西原博史さんは、この点について、ドイツの「宗教成人」という観念、すなわち、14歳で自らの教会所属を決定する権利があることに触れつつ、「（宗教の選択に際しては）子ども本人の視点と親の視点が相互に共有された上で合意を形成することが望ましいのであり、そこに向けて十分なコミュニケーションが積まれなければならない」と述べています。[*5]

この親子間のコミュニケーションのポイントとなるのが、私は〝感謝の心〟だと考えています。

具体的には、「(私は)あなたが私のところに生まれてきてくれて、本当にうれしい」「いつも、おばあちゃんのことを気づかってくれて、ありがとう」「あなたが元気でいてくれるだけで、うれしいよ」など、心からの感謝のメッセージを、日頃から子どもに伝えていくことです。

親から感謝の気持ちを伝えられてきた子どもは、やがては、親の思いや願いに対して、必ず、感謝の気持ちをもって、応えてくれるものです。

そうした感謝という土壌があれば、「お母さんは、この信仰に出合えたからこそ幸せになれた」「信仰は、生きることの本当の意味を教えてくれた」といった親御さんの信仰に対する「確信」も、間違いなく子どもへと受け継がれていくと思います。

さらに言えば、信仰の素晴らしさを伝える、語り継ぐということは、本来は親の義務というより、子どもを幸せにするための権利を行使することなのだと思います。

「教育のための社会」は身近な一歩から

――信仰の継承を考えた時、周囲の大人は、どのような関わりをしたほうがいいでしょうか。

鈎　従来から、教育は「共育」であると言われます。子どもは親から学び、親もまた、子どもから学ぶという双方向の関係のなかにこそ、人間教育の真髄があるのです。

その一方で、京都大学の明和政子教授は、人類の育児スタイルは、本来、「共同養育」にあることに言及しています。つまり、人類は、所属する集団のメンバーと共に、子どもを育ててきたというのです[*6]。

地域や社会が、子育てに果たす役割は、きわめて重要であり、今、「教育のための社会」のあり方が、改めて問われているとも言えます。

その上で、周囲や地域の大人たちがまずできることは、何よりも地域の子どもたちに強い関心を寄せることだと思います。

例えば、日頃から「○○ちゃん、こんにちは」と、笑顔で気軽に声かけをする、「お行儀よくしていて偉いわねえ」とほめてあげる、時には、子どもたちの輪の中に入って一緒に遊んでみる。そういった大人の積極的な関わりが、子どもの心に「安心感」を与え、他者を「信頼する力」を育んでいくのだと思います。

また、地域や社会が行う子育て支援では、単に子どもだけを支援するのでなく、最近は親にも積極的に働きかけ、手を差し伸べていくことが、求められています。福祉に手厚い北欧の国では、障がいのあるお子さんを育てている両親が、少しでも休息をとり、ストレスを軽減できるように、親が自由な時間を持てるようにするサービスがあります。

これからは、こうした親御さんへのさまざまな支援のあり方も大切になってきます。また、地域の若いお母さんやお父さんを、祖父母になったつもりで気にかけてあげる、そして時に、親身になって相談に乗ってあげることは、子育てに奮闘する多くの親御さんの、力強い支えになるのではないでしょうか。

地域の関わりが育む〝健全な信仰心〟

——子どもたちだけでなく、その親御さんへの関わりも大事になっていくのですね。

鈎　そのとおりです。コミュニケーション上手なご近所さんの、いい意味での「おせっかい力」が、今ほど求められている時はありません。

倫理学者の和辻哲郎は、「『人』は、人間関係においてのみ、初めて『人』となり得る」という言葉を残しました。[*7]

こうした指摘は、こと子育てにおいては、〝地域みんなで子育て〟〝地域で助け合う子育て〟という考え方の大切さを、改めて教えてくれているように思います。

またそれは、本来、信仰が目指しているものであり、信仰の原点でもあるように思います。なぜなら、人と人とのつながりを大切にし、他者の幸福を誰よりも強く願っていくところに、本来の信仰の意味があるからです。

周囲の励ましや支えを通して、人間的な温かさや人を信頼する心を育んでいくことで、子どもたちや親御さんたちの心に、〝健全な信仰心〟も育まれていくのではないでしょうか。

「地域の子育ては私たちの責任で！」という気概で、知恵を出し合い、子どもたちの成長を応援していきたいものです。

＊1　政府訳「子どもの権利条約」（第6条・第7条）

＊2　山中俊之『世界5大宗教入門』ダイヤモンド社　2019年

＊3　松本滋『宗教心理学』　東京大学出版会　1979年

＊4　政府訳「子どもの権利条約」（第14条）

＊5　西原博史「親の教育権と子どもの権利保障」『早稲田社会科学総合研究』　第14巻第1号　2013年

＊6　明和政子『人類の育児スタイルは共同養育』（Kindle版）　ブックスタート　2020年

＊7　和辻哲郎『人間の学としての倫理学』岩波文庫　2007年

まがり・はるお

創価大学名誉教授。心理学者。1951年生まれ。大阪教育大学大学院教育学研究科修士課程修了。東洋哲学研究所委嘱研究員。単著に『楽観主義は自分を変える』『子育てが楽しくなる心理学Q&A』『お母さんにエール！　楽観主義の子育て』『孫育てが楽しくなる楽観主義のすすめ』（いずれも第三文明社）、『教育環境としての教師』（北大路書房）など。

発達障がいの理解と関わり

児童精神科医　荻野和雄さん

（『灯台』２０１８年3月号から）

２０１７年12月に行われた創価学会婦人部（当時）主催の「コスモスセミナー」での講演の内容（要旨）を紹介します。

発達障がいとは、自閉スペクトラム症（ＡＳＤ）、限局性学習症（ＳＬＤ）、注意欠如多動症（ＡＤＨＤ）などの総称です。日本語では「障害」という言葉が用いられていますが、独特の脳機能のタイプを持ち合わせている〝発達の偏り〟と理解したほうがよいと思います。

また発達障がいでは、ある特性を持つ子が別の特性を持ち合わせていることもよくあるため、それらの特性の強弱から受診機関によって主たる診断名が異なることもありえます。よって、その子の理解のためには診断名もある程度は大切ですが、その子の特性を把握し、その特性に合った支援を行っていくことがより重要です。

ＡＳＤと診断される人は１００人に１～２人ですが、顕著には現れないまでも、特性のある人を含めると、その割合は10人に１人ぐらいだと言われています。ＡＳＤの原因は未だ特定されていませんが、遺伝的要因や環境的要因が合わさって起こるとされていて、〝親の育て方が原因という古い考え〟は、今では完全に否定されています。ＳＬＤは、「読み・意味の理解・書き・計算・数学的な推論」の少なくともいずれかで著しい困難を示す状態のことを言います。ＡＤＨＤは、その主な症状である不注意や多動・衝動性によって、日常生活で支障をきたす場合に、そう診断されます。ＡＤＨＤもほかの発達障がいの特性と同様に、生まれながらの脳機能に原因があることがわかっています。家庭や学校などでの周囲の働きかけだけでは問題の解決が困難で、不利益が多いと判断された場合は、薬物療法が選択されることもあります。

親が子どもを「困った子だ」と度々注意したり叱責したりした場合、その子の心に認め

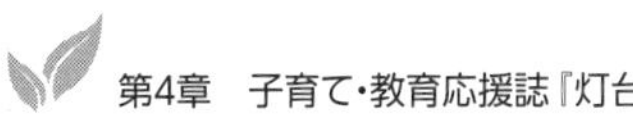

てもらえていない・自分はできないとの気持ちが生まれ、反抗的になったり、意欲が低下したりすることがあります。その様子を見た親はますます不安やイライラを抱え、思い悩みます。そして親がその気持ちのまま子どもに接すると、さらに子どもの問題行動が増すという「親子関係の悪循環」に陥ってしまいがちです。

一方、子どもの様子をよく見て、好ましい行動はしっかり取り上げて褒め、好ましくない行動は極力、気にしないようにした場合、子どもの心に認められているという気持ちや達成感が生まれます。すると自信や意欲が増し、反抗することも少なくなり、親も自信が持て、心も安定するのです。その結果、子どもの好ましい行動が増え、親もいっそう余裕を持って子どもを見られるという「プラスの親子関係」ができあがります。もちろん「プラスの親子関係」がすぐに構築できるとは限りませんが、特に発達障がいの子は日ごろ傷つくことが多いため、その好ましい行動に注目し、「親子関係の悪循環」に陥らないようにすることが、その子が大人へと成長する過程で大事だと思います。

発達障がいの関わり

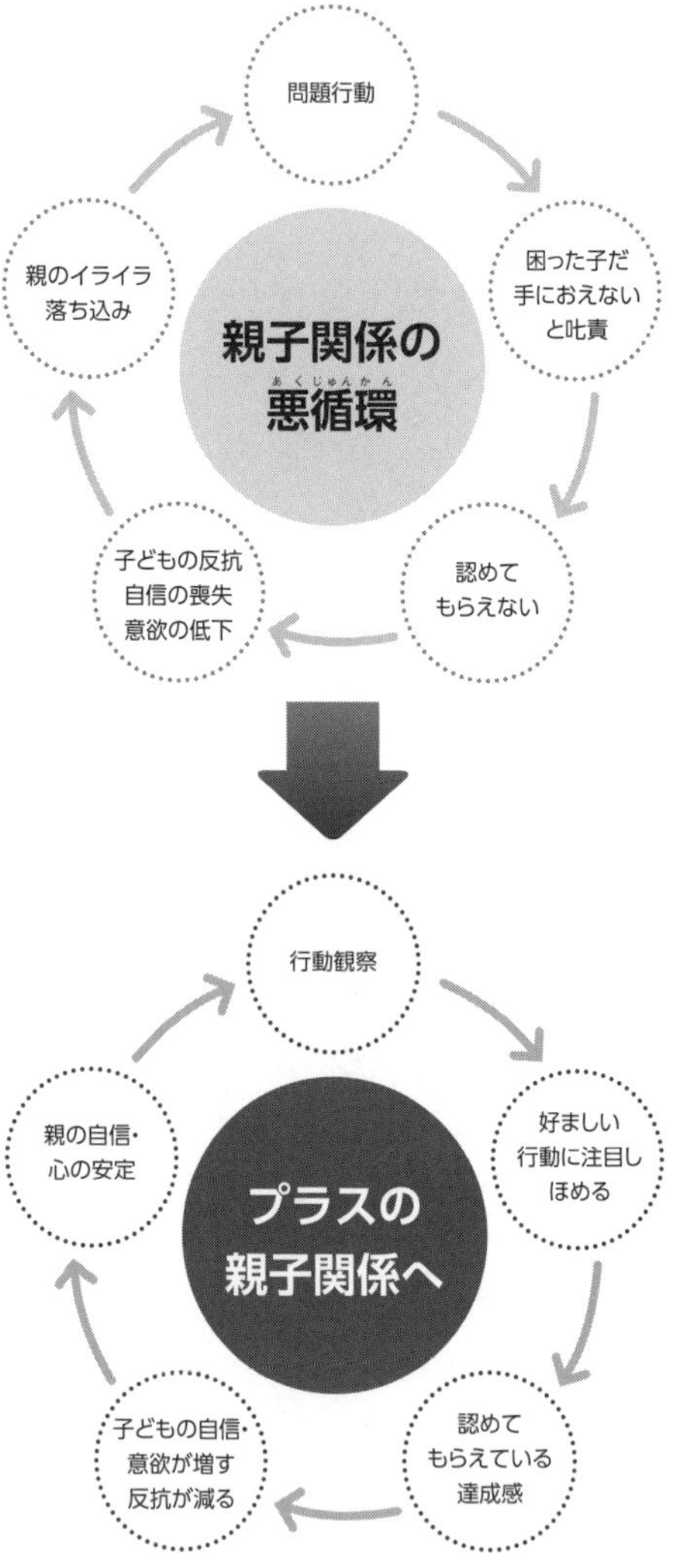

親子関係の悪循環

問題行動
困った子だ手におえないと叱責
認めてもらえない
子どもの反抗 自信の喪失 意欲の低下
親のイライラ 落ち込み

プラスの親子関係へ

行動観察
好ましい行動に注目しほめる
認めてもらえている達成感
子どもの自信・意欲が増す 反抗が減る
親の自信・心の安定

ＡＳＤの子の困った行動に対しては、本人の気持ちに目を向けつつ、その背景にある特性に思いをめぐらすとよいでしょう。たとえば、かんしゃくを起こすときも、その原因や理由はさまざまです。想像することの難しさから見通しが立たず、今の状況がいつまで続くのかがわからず、不安であるためであったり、コミュニケーションが苦手で相手にどう伝えてよいのかがわからないためであったり、あるいは、かんしゃくを起こしたら好きな

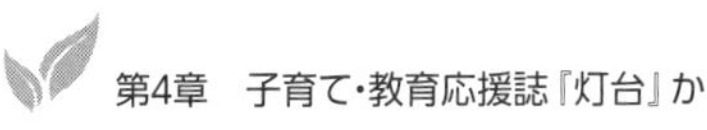

ものを買ってもらえたという経験からの誤った学習のためであったりなどです。よって、見通しが立たずに不安であることが原因であれば、イラストや写真などで手順を示したり、冒頭に終了時間を示したりします。ほかには、たとえば友だちとの間での困った行動であれば、事前に遊び方のルールを決めておくなど、トラブルを防ぐための配慮が重要です。また集中力が定まらず、登園や登校の準備に時間がかかるようなときには、持ち物を最小限にしたり、持ち物を置く場所を決めて絵や文字でわかるようにしておくなどの工夫をするとよいでしょう。

誰しもそうですが、特に発達障がいの人が生きていく上では、子ども時代に成功体験を積んでおくことが非常に重要です。本人の特性に合わせた支援によって、幼少期に自己肯定感が育まれると、大人になってからの生活の質が向上するというデータもあります。一方で成功体験が不十分で自己肯定感が乏しいと、不安や抑うつの症状が生じるリスクが高くなるとも言われています。支援にあっては、ほかの人と同じことができるようにと頑張らせるのではなく、生活していく上での困難さが減るのか、適度なハードルなのか、自信につながるのかといった視点で、本人の成長のペースを大切にしてほしいと思います。

発達障がいの子を持つ親御さんに話を聞くと、お子さんの発達に不安を感じても周囲の人に相談しづらかった、理解してもらえなかった、また専門機関で発達障がいであることを告知されたときはショックで、その事実をなかなか受け入れられなかったと、おっしゃる方もおられます。しかし、専門機関で支援を受け始めると、〝もっと早く専門機関で支援を受けたかった〟と思われるようです。

とは言え、周囲の人に専門機関への受診を勧められたとしても、すぐには行けず、行こうと思うまでに時間がかかることもあります。よって周囲の人は親御さんの状況に配慮しながら、悩んでいる親御さんの気持ちに寄り添い、安心して相談できるような支援を、ぜひお願いします。たとえば、親御さんを専門機関に送り出す際は、発達障がいであるかどうかを相談するのではなく、その子らしい成長を後押しするために何ができるのかを教わりに行こうと、声をかけていただければと思います。

また、親御さんが育てにくさを感じながらも子育てに励んでいることをねぎらいながら、親御さんが責められていると感じないように配慮することも大切です。どんなお子さんにも楽しんで取り組んでいることや得意なことはあります。〝うちの子は何もできない〟と思われている親御さんには、お子さんのよい点や頑張っている点を伝え、どう関わっていくのがいちばんよいのかを一緒に考えていければよいと思います。

そして何よりも大切なことは、社会全体で発達障がいへの理解が進み、〝障がいとは何かが劣っている状態〟といった誤ったイメージが払拭され、発達障がいの子がその子らしく輝くように応援できるようにすることです。池田大作先生（創価学会インタナショナル会長）はいつも私たちに、〝一人を大切に〟との励ましを送ってくださいますが、医療の現場ではいつも、この励ましの大切さを実感しています。これからの時代はよりいっそう「桜梅桃李」の思想を大事にしながら、調和していくことが重要です。私は児童精神科医として、そして一人の青年として、そのような社会の実現に貢献していきたいと決意しています。

おぎの・かずお

医学博士。関西創価学園卒業後、東京大学経済学部を経て、福井大学医学部を卒業。東京都立小児総合医療センターの児童・思春期精神科で、十年余り診療・研究に従事してきた。現在は福井厚生病院にて児童精神科科長として診療を行っている。

子どもが伸びる瞬間

プロ家庭教師　中里裕治さん

（『灯台』2022年1月号・2月号・23年1月号をもとに構成）

「トッププロ家庭教師」中里裕治さんに、家庭教師ならではの学力向上のアドバイス、子どもたちとの関わり方やその具体例などを伺いました。

つまずきや苦しみは飛躍の力になる

——子どもたちの成績を上げる上で、どういった関わりを心がけていますか。

中里　学習指導だけで成績が伸びる子もいますが、それだけでは成績が伸びないケースも多々あります。単なる理解不足・勉強不足ということではなく、健康面や生活習慣、親子関係や家庭環境などが原因になっていることもあるのです。

よって単なる学習指導だけでは解決しないと感じた時には、通常では踏み込まない健康面や家庭のことなどについても、私はあえて踏み込むようにしています。そのなかで改善すべき点を見つけ出し、それらの問題を総合的に解決していくのです。

――子どものやる気を引き出すために、時には総合的な関わりが必要になるんですね。

中里　私がプロ家庭教師として大事にしているのは、「学習指導力」「状況判断力」「人間力」の3つです。

成績を上げるためには当然、学習指導力が必要です。しかし、成績が伸びない原因が健康面や親子関係などにある場合は、その課題を迅速かつ的確に判断して、改善していく状況判断力が求められます。

そして、プロ家庭教師として何よりも重要になるのが人間力です。どれだけ適切な学習指導を行い、正しい状況判断ができても、子どもが教師のほうを見てくれなければ、子どものやる気を引き出すことも、成績を向上させることもできません。

その意味で子どもから信頼され、子どもが安心して授業を受けられるような関係を築いていくためにも、人間力が求められているのです。

――授業において、大事にされていることは何ですか。

中里　授業は1対1で行いますので、まずは子どもたちの警戒心を解くことを大事にしています。

特に〝最初の出会い〟が大切で、初めの2時間で子どもの気持ちをどこまで変えられるのかが重要。〝この先生と一緒に勉強したい！〟〝成績が上がりそうだ！〟と思ってもらえれば勝ちです。

――子どもたちとは、どんなことを話題にしていますか。

中里　私との出会いを楽しく感じ、また会いたいと思ってもらえるように、趣味や好きなことなどを話題にしながら、安心感を抱いてもらえるようにしています。そうやって信頼関係を育みながら、子どもたちの性格や生活習慣などを把握しつつ、共に学習計画を立てていくのです。

そこからクイズ形式で問題を出し、それを解いてもらうことで、〝できた！〟という成功体験をつかめるようにします。その成功体験を〝成績が上がりそうだ〟という希望へとつなげていくのです。子どもたちが〝自らやる気を出せるように関わること〟が、私の使命だと思っています。

〈続いて、中里さんがこれまで関わってきた子どもたちのエピソードを、２つご紹介します。はじめに、「子どものやる気が長続きしない」ケースについてです〉

▽アプローチ①

やる気が出ない原因を丁寧に探る

公立中学校に通うA君は当初、学習意欲はあったので、試験前には勉強をしていました。

しかし点数が伸びない時期が続き、次第にやる気を失っていったのです。そんなA君のことをご両親が心配し、私が家庭教師を務めることになりました。

ご両親から連絡をいただいた後、私はA君、そしてご両親と面談を行いました。面談中、A君はずっとやる気のない感じで話を聞いていました。そこで私は、A君のやる気が出ない原因を丁寧に探っていくことにしたのです。

A君と同じ目線でじっくりと話を聴いてみると、A君が〝何がわからないのかがわからない状態〟に陥っていることが判明しました。つまり、自分が学習面のどこでつまずいているのかがはっきりしないので、勉強しようとしてもどこから手をつけていいのかわからず、結果、時間をかけて勉強をしても、その頑張りが点数に結びついていなかったのです。

さらに話を掘り下げていくと、小学校で学ぶ漢字や算数の計算といった基礎の部分でのつまずきが、中学校での勉強に影響していることもわかりました。

▽アプローチ②

小さな成功体験を積み重ねていく

やる気の出ない原因がわかった後にまず行ったのは、勉強へのハードルを下げることでした。ゲーム感覚で楽しみながら学べる「間違い探し」や「100マス計算」などを一緒に行いながら、学校の勉強も同時並行で行いました。1つの問題をクリアするごとに「やるね！　できたじゃん！」と声をかけ、一つひとつの〝できた〟〝わかった〟という小さな成功体験を積み重ね、学ぶ喜びにつなげていったのです。

勉強というのは本来、〝知る喜び・できる喜びに満ち溢れた世界〟です。その喜びを感じると、学ぶことはどんどん楽しくなり、やる気もさらに高まっていきます。勉強に前向きに取り組むための重要なポイントです。

▽ターニングポイント

学びの楽しさやできる・成長する喜びを知る

授業でA君と会話をするなかで、学校での出来事についてもよく聴くようにしました。そして勉強以外のことで頑張ったことがあれば、それをほめるようにしたのです。努力の過程や挑戦の姿勢をたたえると、それが行動する楽しさや新たな頑張りにつながります。

また、お子さんにとっては、親御さんや周囲の信頼する大人が喜ぶ姿を見ることも、さらなるやる気を生むきっかけになります。A君は、「中里さんに喜んでもらえるように頑張る！」と言ってくれていたそうです。

お子さんをほめる際は、オーバーだと思うくらいに喜んでほめてください。そしてぜひ、お子さんの頑張りに寄り添い、温かなエールを送ってくださいね。

〈続いて、「学力が伸び悩んでいるが、その原因がわからない」という質問についてです〉

▽アプローチ①

〝基礎に穴があること〟を自覚してもらう

医学部受験に挑戦するBさんは、塾や予備校に通っていましたが、体調が悪かったり、病気で入院していた時もあって、受験ができない年もありました。それでも医学部進学への希望を捨てずに耐えて、実質的には4浪目の挑戦を決意。そのうえで、体調がまだ万全でなかったことや、学力があと一歩伸びていないこともあって、予備校に通わずに、家庭教

師による受験勉強を選択しました。

私が、Bさんの学力があと一歩伸びない原因を探ると、Bさんは難問を解く自信があることから、難問を解くことばかりを意識し、基礎レベルから標準レベルの問題を固める意識がまったくないことがわかりました。

そこでまずBさんに、〝基礎に穴があること〟を自覚してもらおうと思いました。初めに基礎レベルから標準レベルまでの問題に取り組んでもらい、思いのほか解けない事実を丁寧に示し、実感してもらったのです。

そして、その穴を埋めていくための学習計画の道筋を示しました。するとBさんの授業に向き合う意識と姿勢が、明らかに変わっていったのです。

▽アプローチ②

「基礎力・標準力」を具体的に固めていく

Bさんが自身の弱点を自覚した後は、その弱点を克服できるように授業を進めていきました。例えば、弱点の一つが計算力でしたので、計算のスピードを速めて、かつ正確に解答できるようにするために、中学生向けの計算問題に徹底して取り組みました。

医学部を受験する人が、中学生向けの計算問題を解くわけですから、本当は何も問題はないはずです。ところがBさんは最初、ミスを繰り返し、正解率は70パーセント程度だったのです。そうやって計算問題に繰り返し取り組むなかで、正解率は徐々に上がっていきました。

基礎力・標準力を固めていくなかで、Bさんは難しい解法テクニックを身につけようとするこだわりを捨てました。それに伴い、学力も伸びていったのです。

▽ターニングポイント

伸び悩む原因を克服する

医学部受験には体力も必要です。自信をつけたBさんは、多くの問題を解いても頭が疲れないように、持久力を高めていきました。そして学力の限界を引き上げていったのです。その結果、〝基礎が不十分〟という弱点を克服し、最終的には志望していた私立大学医学部への合格を勝ち取ることができました。

Bさんにとってのターニングポイントは、学力が伸び悩む原因と向き合い、その克服にしっかり取り組んだことです。ともすると受験生は、自分が得意な科目で点数を取ることを拠り所にするものです。しかも、受験の日が近づけば近づくほど、その意識は強くなっていきます。

しかし受験の目標は、得意な科目をさらに得意にすることではありません。目標は合格です。だからこそ合格に近づくために、何に取り組むべきなのかを明確にして、そこに徹底して取り組んでいくことが大切なのです。受験勉強の努力を実らせるためには、Bさんのように、自身が伸び悩む原因に目を向けてみてください。

いま勉強に励んでいるお子さんの中には、不安に押しつぶされそうになっている方もいるかもしれません。そうした時は、一人で不安を抱え込まずに、友だち、教師、親といった周囲の人たちを頼りにしてもらいたいと思います。私もそんな周囲の一人として、子どもたちや親御さんたちの幸福のために、エールを送り続けていきます。

なかざと・ゆうじ

業界最大手の家庭教師派遣会社認定の「トッププロ家庭教師」。これまで25年以上にわたり、小学生から大学生まで５００人以上を指導。授業回数は延べ３万回・６万時間を超え、難関大学への合格実績も多数。また、教育相談は2千件を超え、学習障害や発達障害、不登校など様々な悩みを持つ子の指導も担当。アームレスリング世界大会準優勝の経験から、プロスポーツ家庭教師としても活躍中。

付録

未来部7つの指針／未来部育成の指針

SOKAファミリー・チャレンジ

未来部歌「正義の走者」

未来部愛唱歌「勇気の一歩」

少年少女部歌「Be Brave!（ビー ブレイブ）　獅子の心で」

未来部7つの指針

①健康でいこう
②本を読もう
③常識を忘れないでいこう
④決して焦らないでいこう
⑤友人をたくさんつくろう
⑥まず自らが福運をつけよう
⑦親孝行しよう

1976年（昭和51年）5月5日、関西戸田記念講堂で行われた鳳雛会・未来部の記念勤行会の席上、5月5日「こどもの日」を、後継の友が成長を誓い合う「創価学会後継者の日」とすることが発表されました。ここで池田先生は、未来部に6つの指針を贈りました。2013年（平成25年）には、この6つの指針にさらに1つを加えて7つの指針に。これが今に続く「未来部7つの指針」となったのです。

池田先生は後に、こう述べています。「創価学会にとって『後継者の日』は、5月3日の『創価学会の日』に続く重要な日である。一切の建設は『人』で決まる。『人』といっても、若い世代に託す以外にないからである」

「未来部希望ネット」より

未来部育成の指針

皆が宝！ 皆に使命が！ 皆を人材に！

一、学会の庭で守り育む

一、未来の勝利を信じ祈る

一、創価の心を語り伝える

一、家族を温かく励ます

一、師弟の道を共に歩む

SOKAファミリー・チャレンジ

一、家族で勤行・唱題を行う

一、家族で座談会・本部幹部会（配信行事）・部員会に参加する

一、家族で信仰体験や　わが家の広布史を語り合うなど触れ合いの機会をつくる

未来部歌
正義の走者

作詞　山本伸一

1

我れ今あとを　継がんとて
心凛々しく　時待たん
この身の彼方は　新時代
躍る舞台と　今強く
学べ尽くさん　正義の道をば

2

君も負けるな　いつの日か
共々誓いし　この道を
嵐も吹雪も　いざや征け
これぞメロスの　誉れなり
ああ万感の　時待たんと

3

この世の誇りと　使命をば
情熱 燃ゆる　君もまた
勝利の旗の　走者なり
花の輪広げん　走者なり
＊ああ柱たれ　我等の時代の
（＊以下くり返し）

※この歌は1978年8月1日付の聖教新聞で新・高等部歌として発表されました。
2010年7月には池田先生が歌詞を加筆し、未来部歌として生まれ変わりました。

未来部愛唱歌

勇気の一歩

作詞　中等部有志

1
明日への道　朝焼けの空
燃える瞳　今　高鳴る心
ああみなぎる力　限りなく
この手の中に　新しい時代
＊さあ踏み出そう　歩いてゆこう
力強く　勇気の一歩
どこまでも　つらぬいてゆく
自分を信じて　正義の道

2
風が吹いても　嵐がきても
「負けはしない」今　心に誓う
ああ望み大きく　虹　えがいて
英知を磨く　鍛えの季節
さあ踏み出そう　歩いてゆこう
力強く　勇気の一歩
どこまでも　つらぬいてゆく
自分を信じて　英知の道

3
大空高く　微笑む太陽
旅立つ時を　じっと見ている
ああ忘れはしない　熱き言葉
世界の友に　友情の橋
さあ踏み出そう　歩いてゆこう
力強く　勇気の一歩
どこまでも　つらぬいてゆく
自分を信じて　平和の道
（＊以下くり返し）

少年少女部歌

Be Brave!（ビー ブレイブ） 獅子の心で

作詞　少年少女部有志

1
Be Brave!（ビー ブレイブ）
負（ま）けない心（こころ）を　燃（も）やして
平和（へいわ）の未来（あす）へ　出発（しゅっぱつ）だ
笑顔（えがお）は　みんなのパスポート
世界（せかい）へ　羽（は）ばたけ
努力（どりょく）は絶対（ぜったい）　むだじゃない
自分（じぶん）がきっと　輝（かがや）いている
エンジン全開（ぜんかい）　飛（と）び出（だ）そう！
平和（へいわ）の新世紀（せいき）　獅子（しし）の心（こころ）で

2
Be Brave!（ビー ブレイブ）
負（ま）けない心（こころ）を　燃（も）やして
希望（きぼう）の虹（にじ）を　かけて行（ゆ）く
どんな　つらい事（こと）があっても
勝利（しょうり）を　信（しん）じて
努力（どりょく）は絶対（ぜったい）　むだじゃない
自分（じぶん）がきっと　輝（かがや）いている
エンジン全開（ぜんかい）　飛（と）び出（だ）そう！
平和（へいわ）の新世紀（せいき）　獅子（しし）の心（こころ）で

勇気（ゆうき）のWing　大空（おおぞら）へ
使命（しめい）の太陽（ひかり）　輝（かがや）いている
エンジン全開（ぜんかい）　飛（と）び出（だ）そう！
平和（へいわ）の新世紀（せいき）　獅子（しし）の心（こころ）で

Be Brave!（ビー ブレイブ）
負（ま）けない心（こころ）を　燃（も）やして
Be Brave!（ビー ブレイブ）
負（ま）けない心（こころ）を　燃（も）やして　ヤーッ！

装幀・本文デザイン：株式会社藤原デザイン事務所
写真提供：聖教新聞社、PIXTA（P151、P237）
挿画：内田健一郎（第２章）
編集協力：『灯台』編集部

未来を育む友に贈る――希望の指針　励ましの知恵

2023年8月14日　初版第1刷発行
2023年9月23日　初版第3刷発行

編　者　創価学会未来部
発行者　大島光明
発行所　株式会社　第三文明社
東京都新宿区新宿1-23-5　〒160-0022
電話番号　03(5269)7144　（営業代表）
03(5269)7145　（注文専用）
03(5269)7154　（編集代表）
振替口座　00150-3-117823
URL　https://www.daisanbunmei.co.jp/
印刷・製本　凸版印刷株式会社

ISBN 978-4-476-06253-3